商业真经

成杰 著

创业者 | 管理者
必备的
商业指南

中国友谊出版公司

图书在版编目（CIP）数据

商业真经 / 成杰著. -- 北京：中国友谊出版公司，2021.10

ISBN 978-7-5057-5320-4

Ⅰ．①商… Ⅱ．①成… Ⅲ．①企业管理 Ⅳ．① F272

中国版本图书馆 CIP 数据核字（2021）第 181237 号

书名	商业真经
作者	成 杰
出版	中国友谊出版公司
发行	中国友谊出版公司
经销	新华书店
印刷	三河市中晟雅豪印务有限公司
规格	700×980毫米　16开 17.75印张　244千字
版次	2021年10月第1版
印次	2021年10月第1次印刷
书号	ISBN 978-7-5057-5320-4
定价	46.80元
地址	北京市朝阳区西坝河南里17号楼
邮编	100028
电话	（010）64678009

如发现图书质量问题，可联系调换。质量投诉电话：010-82069336

目录

推荐序一　爱就爱得深，干就干得好 - 01
推荐序二　最好的商业模式，是利众 - 03
推荐序三　从弱到强，迈向卓越 - 05
推荐序四　如何彻底地实现自我人生的价值 - 07
序言 - 09

01　学习篇：如何突破瓶颈，找到新的增长点 - 001

不要等到有了危机感的时候再去学习。

做企业并非人生的头等大事，学习才是人生的头等大事。人生的精彩，不仅由事业成功来定义，对企业家来说，内在充实更加重要。

终身学习，是每一个企业经营者的必修课。

学习是最好的转运方式 - 003
学习是提升修养和气质最好的方式 - 005
自我成长，是人生的头等大事 - 007
帅明其道，将通其法，兵优其术 - 009

向当下最有成果的人学习 - 011

学以致用，见诸行动 - 013

为什么越努力越幸运 - 016

要想改变结果，首先改变思维 - 018

学习提升眼界，眼界决定世界 - 021

所谓提升格局，就是放大空间 - 023

境界上去了，问题就没有了 - 025

谦卑是一个人迈向伟大的起点 - 030

人生快速成长的三大秘诀 - 032

练习拥有本领，体验进入核心 - 035

今天的我，比昨天更优秀吗？- 038

02　能量篇：如何让企业"向上生长" - 041

万物都有着向上生长的力量，企业家亦如此。我们看一个领导人，仅凭他的言谈举止，就能对他油然而生一种敬畏之情，在这中间起作用的就是能量。

领导人的第一品质就是"能量" - 043

坚持向高能量的人问道 - 046

不放过任何与高手碰撞的机会 - 049

"三步走"：如何与高手建立连接 - 052

谁先付出谁先赢，越付出越富有 - 056

放手一搏的精神：唯有彻底地交给，才能全然地拥有 - 059

贡献度决定地位和影响力 - 061

心中有梦，就有了诗与远方 - 064

心存敬畏，最终必将无所畏惧 - 067

心怀感恩，越感恩，越强大 - 070

走进圈层，扩大自己的接触面 - 072

生命就是关系，关系是互动的结果 - 077

小人把平台当本事，君子把平台当舞台 - 079

持续不断地发表公众演说 - 081

持续不断地自我超越 - 084

动作创造情绪，情绪引爆能量 - 088

03 经营篇：打造百年老店的秘密 - 091

守业比创业更难。如何经营企业，值得企业家不遗余力地探索。

经营的本质是超越。

何谓超越？简单来说就是越来越好。经营人生，就是让自己的日子过得越来越好；经营婚姻，就是让一家子的日子过得越来越好；经营企业，就是让一群人的日子过得越来越好。

管理就是平衡，经营就是超越 - 093

企业经营的本质就是超越 - 095

拥有"一致性"，才能获得权威 - 097

经营的第一阶段：经营事 - 100

经营的第二阶段：经营人 - 103

经营人的方法（一）：感情 - 105

经营人的方法（二）：制度 - 108

经营人的方法（三）：文化 - 111

经营人的方法（四）：名分 - 113

经营人的方法（五）：魅力 - 115

经营第三阶段：经营未来 - 118

成为企业领导者的关键一：说故事 - 121

品牌传播，传播的就是故事 - 125

成为企业领导者的关键二：谈梦想 - 127

把"我的梦想"变成"我们的梦想" - 130

成为领军人物的关键三：给希望 - 132

规划蓝图，激发期待 - 135

04　演说篇：在短时间内提升企业影响力 - 139

一个人在人群中的影响力，与他的公众表达力是成正比的。尤其对于企业家来说，懂得公众演说，能为自己的品牌进行强有力的加持。

许多优秀的创始人，都是演说高手。没有哪一项技能，像演说一样，能够通过一次短暂的表达，就得到上百人、上千人的支持。

为什么优秀的领导者都热衷于公众演说 - 141

语言的力量 - 144

一句话可以救人，也可以"杀人" - 146

公众演说是吸引顶尖人才最快的方法 - 148

公众演说是建立影响力最有效的方法 - 150

公众演说是领导力的极致体现 - 152

公众演说可以让人快速成长 - 154

公众演说可以使利润倍增 - 156

有感觉地讲话，讲有感觉的话 - 158

公众演说的核心在于帮助 - 160

好的演讲都是练出来的 - 162

伟大的演说家都是从免费演讲开始 - 165

运用演说工具，增强演说气场 - 167

演讲的状态比演讲的内容更重要 - 170

05 商业篇：如何构建好的商业模式 - 173

这是一个挑战的时代，也是一个成功的时代，挑战和机遇并存。

作为企业家，希望我们能够找到最适合当下的商业模式。相信我们必将成为黑夜中那几颗闪亮的星。

企业成功的三大关键 - 175

产品决定企业生命力 - 177

商业的本质是价值交换 - 179

商业的基础是价值对等 - 181

商业的方向是物超所值 - 183

商业的境界是超乎想象 - 185

公司最伟大的产品就是公司本身 - 187

团队决定企业支撑力 - 189

彼此尊重 - 191

彼此信任 - 194

彼此包容 - 196

彼此成就 - 198

快速打造核心团队的秘诀 - 200

和人才形成利益共同体 - 202

和高层形成精神共同体 - 204

和所有人形成命运共同体 - 206

商业模式决定企业的发展速度 - 208

商业模式（一）：免费模式 - 210

商业模式（二）：共享模式 - 212

商业模式（三）：客客模式 - 214

为什么好的商业模式总让人捉摸不透 - 216

06 智慧篇：思维模式，决定企业家走多远 - 219

赚钱靠的是智慧，而非知识本身。在能力和学历之外，赚钱还需要修行。

一位企业家不能只知道研究赚钱的技法，而不去看看自己的内心。

不断地进行自我修炼，塑造正面的企业家思维，才会越来越具有影响力。

每日求知为"智"，内心丰盛为"慧" - 221

道德是人生的第一智慧 - 223

立大志者成大事 - 226

心是人生戏的导演 - 228

比获得财富更重要的，是拥有善念 - 230

行动出真知，实践得真理 - 232

时时感恩：感恩是建立关系的核心 - 234

焦点利众：你成就的人越多，你的事业就会越大 - 237

心中有梦：世界会为有梦想的人让路 - 241

不畏苦难：以坚忍的姿态面对一切困境 - 243

乐于分享：越分享，越富有 - 247

内在丰盛：用心沉淀，厚积薄发 - 250

用心经营：平衡自己的时间与精力 - 252

日日精进：拥有终身成长的心态 - 254

敢于决定：大胆决策，走出第一步 - 256

诚挚推荐 - 258

推荐序一

爱就爱得深，干就干得好

2008年6月12日，距离汶川地震发生一个月整，我受新疆慈善总会的邀请，赴乌鲁木齐参加了"跨越天山的爱——川疆连心大型义讲"。有一个和我同台演讲的年轻人，叫成杰。去之前我在想，成杰到底是一个什么样的"傻子"呢，居然和我一样，干这种赔本的"买卖"，自理机票和食宿来演讲。

见到他之后，我发现这个年轻人有着与常人不一样的气质。他双目炯炯有神，谦卑、好学、一身正气。最重要的是，他尊重他人，待人和善，总给人一种如沐春风的感觉。第一次见面，我便喜欢上了这个年轻人，并看好他的未来。

转眼间，我和成杰相识已有13年。

这13年来，我见证着成杰，从一个满腔热血、意气风发的年轻人，成长为心怀使命、运筹帷幄的卓越领导人，看着他竭心勠力、兢兢业业地经营着巨海的事业，并使巨海集团得到长足的进步和发展！

成杰2003年投身教育培训行业，18年来，坚守初心，始终如一。他用心地对待每一次演讲，精心地准备每一次课程。无论讲了多少场，无论听众有多少人，只要登台，他必定准备到深夜，为了把每一场讲好，他反复地琢磨和研究。正是这种对教育培训事业的热爱、责任和使命，让他的巨海集团蒸蒸日上。

经过这些年的发展，成杰主讲的课程"商业真经"，其规模从最初的三五百人发展到后来的上千人，再到如今的五千人。我很高兴，能够多次作为特邀演讲嘉宾，来到这项课程中进行演讲，陪伴企业家学员成长和进步，见证"商业真经"从上海走向全中国，帮助和影响超过10万位企业家和创业者。除了兢兢业业地经营企业，认真负责地对待事业，成杰不忘将自己的课程精髓、思想感悟和独到见解写成书，分享给广大读者。更难能可贵的是，他在带领巨海前行的途中，勇于承担社会责任，积极投身公益慈善事业，立志用毕生的时间和精力捐建101所希望小学（目前已成功援建18所）。

在和成杰相处的岁月里，我们亦师亦友、亦如父子。2014年，上海巨海成杰公益基金会以我的名字援建了一所希望小学——康定市巨海彭清一希望小学，这所小学于2016年12月落成，现已投入使用。

我由衷地喜欢和欣赏成杰。他对自我成长的要求，对梦想的追求，对事业的执着，对员工的关心，值得每一位企业家学习。

我时常讲："爱就爱得深，干就干得好！"不负于自己、不负于梦想，而成杰就是这样一位对事业付出全部热情的年轻企业家。希望他秉承一颗赤子之心，在未来的道路上，持续超越自我，去帮助、影响和成就更多的人。

演讲教育艺术家　彭清一

推荐序二

最好的商业模式，是利众

经营企业的核心是什么呢？我一直在思考这个问题。

在传媒行业的许多企业收益下滑的时候，分众传媒仍然找到了营收逆势增长的突破点，市值突破千亿，一度成为中国第二大传媒集团。常常有人问我，分众传媒是如何拥有现在的成绩的。我可以从商业模式、业务形态、市场占有率等多个角度分析分众传媒的"打法"，我也乐于分享这些，但我总觉得，这些都是停留在战术层面上的分析。一个企业，能在激烈的市场竞争中突出重围，焕发新的活力，一定不只是靠这些战术就能够实现的。

和成杰老师接触之后，我忽然意识到，他所领导的巨海集团能够取得今天的成绩，他的课程能够影响这么多人，依靠的不是"术"，而是"道"。

在《商业真经》这本书中，他无数次提到一个词——利众。

什么是利众？关注客户的需求，为客户创造价值是利众，为员工、股东乃至整个社会谋利更是"利众"。

成杰老师常说，"利众者伟业必成，一致性内外兼修"。

2008年6月12日，年轻的成杰老师受邀参加公益活动"跨越天山的爱——川疆连心大型义讲"，为了募集汶川灾后重建和修建天山爱心学校的善款，他和年迈的彭清一老师进行了一整天的演讲。功不唐捐，他们筹集到了近百万的善款，彼时年近八旬的彭清一教授数次哽咽，热泪盈眶。

成杰老师曾无数次问自己，创办企业的意义到底是什么？

答案是利他。而利他的终点，是利众。

我们能帮助到多少人，我们的人生就有多大的价值；对于企业家来说，能够用自己的力量，去帮助人、影响人、成就人，我们和我们的品牌，才能真正的有温度。做企业，不仅要带着商业视角，还要带着一份人文关怀。

本书中的很多观点，都让我深有同感。当我们在商场上搏杀时，往往会忘了，经商的原点是利众。正如成杰说的，"一个人选择了自私自利，就选择了渺小的自己；一个人选择了无私利他，就选择了伟大的自己"。

马克斯·韦伯认为，只有尊重劳动的价值，并把通过产业活动获得的利润用于社会发展，社会才能进入良性循环。商业是逐利的，我们应该光明正大地去追逐利润，但获取利润的最终目的，是贡献于社会。从商的极致，不是不顾一切地为自己，而是让用户获利的同时，自己也获利。任何企业，不管规模是大还是小，不管经营模式如何，都必须建立用户终身价值战略——要创造用户价值，而不是只顾自己谋利。

如果在经商时，只考虑自己的利益，那么一定走不远。只有多考虑用户的利益，考虑"能给用户提供什么""该如何去帮助合作伙伴"，才有可能走得长远。

经营企业不光要考虑自己的利益，还要考虑客户的利益，要对股东、消费者、社会作出贡献。

成杰老师认为，经营企业的核心，就是长久地提供用户价值，是持续不断地利众。他将这种思维贯穿在整本书中，他的分享非常有意义。

分众传媒董事长　江南春

推荐序三

从弱到强，迈向卓越

我与成杰老师相识于2007年，第一次听到成杰老师激情澎湃的演讲，我被他对教育培训事业的热爱深深地吸引。于是，我持续不断地邀请成杰老师走进统帅装饰集团，培训员工，为企业赋能。成杰老师从员工职业化素养、团队打造、经营管理等多个方面，为我们提供了实战、实用、实效的辅导。

在与成杰老师的多次接触中，我被他的专业和敬业所打动，他不仅是统帅装饰集团的战略顾问，更是我的良师益友，他持续不断地引领集团成长和发展，为我提供企业经营管理方面的宝贵建议。

近年来，成杰老师又为集团的企业文化升级和企业文化大训工作做出了努力和贡献。我坚信，集团在从弱到强，迈向卓越的征程中，离不开成杰老师及巨海团队的帮助；未来，越来越多的企业家会因为成杰老师和巨海而得以更好的成长和发展。

成杰老师主讲的《商业真经》研讨会，影响了超过18万名中小民营企业家，也影响了统帅装饰集团的管理者们，通过学习《商业真经》课程，我们受益良多。

这本《商业真经》，值得每一位创业者和企业家学习！

统帅装饰集团董事长　杨海

推荐序四

如何彻底地实现自我人生的价值

很荣幸能为成杰老师的新书《商业真经》作序。

从 2015 年携手同台演讲，至今，我们已经认识了六年的时间。这六年，让我认识了优秀的巨海伙伴，了解了卓尔不群的成杰老师。

随着我对成杰老师的深入了解，我可以确定地说，他是我所知道的最杰出的演说家之一，很少有人能像他这样，既是演说家，又是企业家。

2008 年，他带着只有 5 个人的小团队，在上海拼搏，10 多年后，从前的小团队发展为近千人的精英团队，巨海的课程更是遍布大江南北。我很欣赏他对教育培训事业的执着和热爱，能够拥有成杰老师这样的朋友，我感到骄傲和自豪。

我和成杰老师有着共同的追求和信念：要竭尽全力去帮助人、影响人、成就人；帮助别人就是在实现我们的人生价值。

我大半生在世界各地发表公众演说，见过很多企业领导人，他们努力经营企业，致力于帮助别人过上美好的生活，就像成杰老师这样。当然，这也是我正在做并且已经努力做了很多年的事。我们不是为了某个集团而做，我们所做的一切，都是缘于我们的热爱和使命感。

我相信，成杰老师的未来是充满希望的。因为他持续精进、自我超越，怀着满腔的热忱去帮助别人，去经营公司，这是一股看不见摸不着，却震撼人心的力量。他的持续成长和无私奉献，一定会打动每一个人。

汤姆·霍普金斯
吉尼斯世界房地产销售记录保持者
销售冠军的缔造者
《当客户说"不"》作者

序言

改革开放已40多年,我们见证了许多人从一文不名到富甲一方,许多人在这片土地上实现自己的抱负。我们已步入一个伟大的新时代,这是最好的时代,它充满了机遇与希望,在变革中孕育生机,有人凭借自己的勤劳、勇敢和智慧,创造出梦想中的美好生活。这个时代也充满竞争与挑战,有人马不停蹄奔赴风云莫测的商场,差之毫厘,失之千里。

40多年间,中国经济从缓缓萌芽,到野蛮生长,再到规范成长,数以万计的中国企业家、创业者,你方唱罢我登场,在一波又一波奇迹中,各领风骚数年。

商业既是创造奇迹的魔术,也诠释了什么叫"世事无常"。商业似水,多数人泛舟江湖,然后折戟沉沙,只留下少数人,经历试炼,感受紧张和战栗、激动与焦虑,成为知名的企业家。

变幻莫测,九死一生,这正是商业吸引无数人为之前赴后继的魅力所在。

40多年间,一代商业大佬的背影正在远去,时代呼唤新的英雄上场。却总有人在哀叹:产生大佬的时代不复存在,创业成功越来越变成小概率事件,一切都在被颠覆,一切都在被重新定义,大师的经验正在失效……

我经常听到别人问我："成杰老师，下一个风口在哪里？"

我知道，在这个飞速变化的互联网时代，"风口"不断地在变。大家对未来满怀憧憬，同时又充满了焦虑，期待有人能够指明方向，指明通往成功的捷径，同时很害怕被时代抛下。

然而，他们忘了老祖宗的古训，九九归一，万变不离其宗；也忘了商界传奇人物杰克·韦尔奇的告诫，"商业的本质并没有因为互联网和科技而改变，过去应该遵循的基本商业规则，在今天仍然应该被传承"；更忘了经济学家约瑟夫·熊彼特对企业家精神的定义："做别人没做过的事或是以别人没用过的方式做事的组合。"

从商本质上是一场充满冒险的创新实践。没有什么赚钱的方法是亘古不变的，但商业的运行一定有其恒久的内在逻辑，没有哪个大佬会永垂不朽，但他们的精神一定会留存，以飨后世。

要成为商业领袖，需要慧眼独具，运筹帷幄，胸怀天下，虽九死其犹未悔，泰山崩于前而色不变……最重要的是要能洞察商业的本质。成功的企业家，都极具这样的领悟能力。

在瞬息万变的时代，我们将何去何从？如何像前辈一样打破认知，找到属于自己的路？

我创办巨海集团13年，专注教育培训事业19年，先后在165座城市发表5300多场公众演说，现场听众最多曾达5000人。这些年来，我受到多家企业的邀请，协助定制和宣传它们的企业文化，除此之外，我还曾亲自拜访上百位顶尖企业家，与他们交谈，学习他们的经营理念和商业智慧。

我将这13年来对于商业的理解，著成此书。

本书吸收了我10余年来在各大企业演说的精粹，希望能够给正在商海中摸索的朋友力所能及的帮助。我将从学习方法、信念、经营方式、演说练习等多个角度出发，帮助读者厘清商业的运行规则，探索企业经营的方法。

希望我们都能在创业、经营、管理的道路上，越走越好！

商 业 真 经

01

学习篇：
如何突破瓶颈，找到新的增长点

不要等到有了危机感的时候再去学习。

做企业并非人生的头等大事，学习才是人生的头等大事。

人生的精彩，不仅由事业成功来定义，对企业家来说，内在充实更加重要。

终身学习，是每一个企业经营者的必修课。

为什么钱越来越难赚了？如何才能找到最适合自己的经营路径？

你可能曾经花了很多钱培训员工，却收效甚微。因此，你感到学习没有用。但我告诉你，你的同行却不这么认为！

为什么你觉得自己的事业被卡住了？为什么有的人能力不如你强，人生阅历不如你丰富，人脉不如你广阔，但事业比你做得大？

有人说，21世纪人类最大的危机，不是经济危机，而是学习危机。你最大的敌人，不是你的竞争对手，而是你的惯性思维！经营企业的过程中遇到的一切瓶颈，其根源都在于学习能力和思维方式的落后。

学习可以打破思维的墙，把头脑磨成剑，用同样的资本，做同样的事业，却赚到更多的财富，取得更大的成就！

学习可以启智开眼，帮你找到新资源、新项目，可以帮你突破瓶颈，找到新的增长点。

想知道电灯是如何发明的，问问托马斯·阿尔瓦·爱迪生就可以；想知道怎样炒股赚钱，问问沃伦·巴菲特就可以；想知道怎么解决管理上的难题，问问彼得·德鲁克就可以……很多事情，不用自己亲自去摸索。

学习是最好的转运方式

纵观古今中外成功人士的人生轨迹可以发现，在人的一生中，有四次改变命运的机会：第一次是出生，拥有好的家庭环境；第二次是求学，获得好的教育；第三次是结婚，拥有美满的婚姻；如果上面说的这三次机会，你都没能抓住，那么抓住第四次机会就格外重要——终身学习，改变命运。

斯坦福大学心理学教授卡罗尔·德韦克在《终身成长》一书中，阐述了学习的重要性。卡罗尔认为，我们应该拥有成长型的思维模式，哪怕我们天赋不高，当下的处境不好，我们也要坚信努力学习能够改变自己的未来。

我自身的经历，也很好地印证了这个道理。

我从四川的一个穷山沟出发，一步一步地走上充满"国际范"的大舞台，成为数百名企业家的演说导师，靠的就是"学习"二字。

渴望是拥有一切的开始，正如稻盛和夫先生所说，"心不唤物，物不至"。学习的渴望，会不断地唤醒内心的巨人；学习的过程，让人做事精益求精，做人追求卓越。学习是最好的转运方式，从优秀到卓越，邂逅最好的自己。

对于学习能不能改变命运这个问题，我曾经和很多人一样充满疑惑，直到我看到李嘉诚先生说的一句话：知识并不一定能增加你的财富，但是一定能增加你获得财富的机会。

有人曾问李嘉诚："您取得这样大的成功靠的是什么？"李嘉诚毫不犹豫地回答："靠学习，不断地学习。"一直以来，李嘉诚对"学习改变命运"的道理深信不疑。

在茶馆做跑堂时，李嘉诚一直坚持学习英语和粤语。除了晚上挑灯学习，他还经常把新单词记在小纸片上，工作间隙瞄上两眼。后来，他到钟表公司做学徒，又在工作之余，自学完了中学的课程。

自学的过程并没有让李嘉诚感到辛苦，而是体会到了自豪感和成就感。他说："年轻时我表面谦虚，其实内心很骄傲。为什么骄傲呢？因为别人去玩的时候，我去求学问，他们每天保持原状，而我的能力在日渐提高。"

学习让李嘉诚变得自信，他确信自己终有一天会超越那些"保持原状"的同龄人。后来的事实证明，学习确实改变了李嘉诚的人生。

李嘉诚有每晚睡前阅读英文杂志的习惯，塑胶花生意就是他在英文版《塑胶》杂志上发现的商机，当时他果断飞往意大利考察，回港后率先推出塑胶花产品，填补了香港市场的空白。塑胶花的热销掀起了香港消费新潮流，更使李嘉诚创办的长江塑胶厂由默默无闻的小厂一下子蜚声香港塑胶界。

都说成功的商人嗅觉敏锐，其实这并不是一种天赋，而是注重学习、勤于思考的结果。

唐代诗人、画家刘商说得好："清扬似玉须勤学，富贵由人不在天。"紧跟时代潮流，在实践中学习，然后将学到的东西应用于实践，人的命运就会进入良性循环。

"凿井者，起于三寸之坎，以就万仞之深。"学习如凿井，是世界上一种只赚不亏的投资。

有智慧比有财富更重要，因为财富需要我们去照顾，智慧却会来照顾我们，而智慧的提升，都来自持续不断的学习。

学习是提升修养和气质最好的方式

学习是改变命运、征服外在世界的"核武器",更是提升修养、建构内心世界的"美容刀"。现代人感受到的压力是多方面的,我们的心灵和大脑在日复一日的枯燥生活中逐渐麻木,只有及时学习,才能够补充新鲜的血液,活跃思想,从而让自己变得充实、强大。

作为老板和管理者更是如此。商道即"人道",企业家强则企业强,但老板并不都是天生就思维敏捷、内心强大的,他们也是通过后天的修炼,一步步成为企业家的。仔细留意的话,我们就能发现,随着企业的发展,很多企业家正逐渐变得面容平和、谈吐斯文。原因何在?企业在市场中发展壮大,企业家在不断学习中提升自我。

企业家"entrepreneur"一词是从法语中借来的,原意是"冒险事业的经营者或组织者"。大部分的企业家是冒险家,骨子里透着"野性",但这种"野性"是把双刃剑,它是企业壮大的原动力,也可能成为阻碍企业发展的破坏力。随着公司的发展,企业家的形象也越来越重要,这需要企业家去主动提升修养。

与此同时,企业家的伴侣,也有必要提升自身的修养,正如财经作家吴晓波所说:"和企业家走到最后的女性,最后可能会变成另外一个企业家。"

企业家和企业家的伴侣应该如何提升自我修养呢？多读书和定期的夫妻共同学习是两种不错的途径。

作家毕淑敏说："清风朗月，水滴石穿，一年几年一辈子地读下去，书就像微波，从内到外震荡着我们的心，徐徐地加热，精神分子的结构就改变了、成熟了，书的效力就凸显出来了。"

我们常夸赞某人："一看你就是读书人。"我觉得这是对一个人的盛赞。读书的人与不读书的人给人的感觉是不一样的。读书是一项精神功课，对人有着潜移默化的影响力，能够让一个人拥有一种沉稳、笃定、大度的气质。

需要说明的一点是，读书和学历之间没有必然联系。读书人不一定拥有高学历，但一定有文化修养，他们大多知书达礼、处事冷静、善解人意，在为人处世上显得从容、得体。另外，读书人大多气质内敛，有主见，有判断力，通常不会乱说话，更不会人云亦云、信口雌黄。

塞缪尔·斯迈尔斯在《自助》中说："人如其所读。"一个人的气质、智慧、修养的提升，是和大量读书分不开的。如果你每天阅读15分钟，这意味着你可能一周能读半本书，一个月能读两本书，这样一年就能读20多本书，一生能读1000多本书。这是一个最简单易行的读书方法。

这一本一本的书，将使你的内心更加丰润。

除了读书，夫妻定期地共同学习也很有必要。比如，来一场身、心、灵舒缓、放松的度假，不仅可以学到与时俱进的知识，还能增进彼此的感情。

在我的课程中，我看到不少为生意吵架，或者因为忙没有时间照顾彼此的企业家夫妻，他们潜下心来学习之后，不仅学到了很多经营企业的方法，亲密关系也变好了。

综上，学习是提升修养和气质最好的方式。爱自己，要学会让自己成长；爱伴侣，则要和对方一起成长。

自我成长，是人生的头等大事

富兰克林说，大部分的人在25岁时就死去了，但直到75岁才被埋葬。没有成长等同于死亡。伟大的企业家，大多把自我成长当成人生的头等大事。他们终身学习，不只是为了维护企业家的形象，更是为了圆满自己的人生。

曾经有一篇关于王石的报道写道，1999年，48岁的王石终于决定辞去总经理一职。他说："20世纪80年代创立企业时，我的目标很明确——建立一间新型公司……对于如何开拓业务和建立新型企业制度，我的大脑里每天都充满了想法和激情。但到了1992年之后，市场发生了很大的变化，我开始有危机感——脑中的想法越来越少，更有甚者，到了1998年，构思的周期要长达半年的时间。怎么了？我不得不反省自己。"

除了运动、爬山，归隐后的王石还花大量时间来给自己充电。2010年，59岁的王石收到哈佛大学的一个非正式邀请，他欣然接受了："促使我到哈佛的最直接理由还是自己想去系统地学习和梳理知识。其实并不是因为是哈佛我就去，如果当时邀请我的学校是清华、北大、复旦、交大，我可能也会去。"

为了挑战自我，到哈佛以后，王石选了语言难度很大的课程。在哈佛的第一年，他几乎处于崩溃的状态，为了弄懂英文课堂笔记，他经常熬通宵。次日一早，用冷水洗把脸，热一杯牛奶，准备两片烤面包、半个西柚，再花

3分钟吃完，就背上书包去上课。

两年半后，62岁的王石结束了在哈佛的学习，他转赴英国剑桥大学开始新的学习。

花甲之年去学校学习，试问有几个人能做到？很多人觉得王石就是在瞎折腾，而且也没折腾出什么名堂来。对此，王石显然不这么认为，他此番学习原本就不是为了什么具体的目的，而是享受学习的过程。他说："对我来讲，恰好是我成功了，我有时间，我有机会，我有能力，去做我想做的事情。恰好是倒过来的，而不是说因为我不成功，我要去搏一下。"

对王石来说，学习就像吃饭一样，是人生必不可少的一部分，哪怕再忙碌，他都会见缝插针地看看书。在一次访谈中，他说："我洗澡的时候都恨不得读可以防水的书。读书会让人很愉悦。我都是十几本书一起看。"

王石的经验告诉我们，不要等到有了危机感的时候再去学习，也不要因为事业有所成就就不再提升自己。做企业并非人生的头等大事，学习才是人生的头等大事。人生的精彩，不仅由事业成功来定义，对企业家来说，内在充实更加重要。

帅明其道，将通其法，兵优其术

作为一家企业的老板，最重要的任务就是为企业定战略、给方向；作为个人，最重要的目标就是找到自己的发展方向。如何既能厘清企业的发展方向，又能确定个人的发展方向呢？最好的方法就是学习。

《终身学习》的两位作者通过长期与企业家打交道，发现了企业家的一条成功秘诀就是聚焦成长。他们在书里写道："要使成长最大化，一个最有效的方法就是：始终如一地关注自己成长的方向，这样你就能不断做出关于成长的决定和选择。"

面对学习，许多老板有三大"死穴"。

（1）逃避学习、害怕学习；

（2）自己不学习，却要团队学习；

（3）自己学习，却不让团队学习。

这些老板不重视学习的根源在于，没有意识到学习能力是与影响力和团队效率高度相关的。如何从认知上进行调整呢？至少应该明白以下几点：

首先，老板能够获得员工尊重的程度，是由老板对员工的价值大小来决定的。当老板对员工没有价值的时候，老板的权威就会瞬间坍塌。而对于员工而言，老板最大的价值就是为员工找到奋斗的方向，如何找到方向，这与不断地学习是分不开的。

其次，高绩效团队的标准是："帅明其道，将通其法，兵优其术。"

所谓"帅明其道"，就是领导者要明确战略和方向，如果战略错了，战术再好也没有意义。从战略高度来看，老板必须做好三件事：战略布局、育人用人、文化建设。

所谓"将通其法"，就是中层管理干部要通晓经营企业的"想法""干法""心法"。一个管理者是否合格，取决于他能否把自己的成功经验分享出去。有些管理者把事情做完就结束了，这是远远不够的，要在做事情的同时，顺便把人才培养出来。

所谓"兵优其术"，就是员工要回归简单的状态。"行胜于言"，想法太多的员工，往往执行力偏弱。要让员工懂得把复杂的事情简单化，把简单的事情持续地做好，这样整个团队的执行力才会大大提升。

总之，任何战术上的努力都无法弥补战略上的失误。无论从培养老板个人影响力的角度还是提升团队效率的角度来看，都应该加强学习，为团队找到"道"，也就是奋斗方向。

老板进步一小步，企业进步一大步。老板不仅要以身作则，去学习，不断破局，还要带领团队成员和家族成员一起学习，保证大家同频共振，实现共同的愿景。

向当下最有成果的人学习

为什么很多老板懂得日日精进的道理，和别人一样努力，甚至比别人更拼，但就是比不上别人的发展速度快呢？

我经常在朋友圈看到这段话：一个月薪30万元的人跟你说和他合作可以赚钱，你犹豫了半天，放弃了，原因是，你咨询了一个拿着3000元月薪的朋友，他告诉你对方不靠谱，于是你听信了朋友的话。

这段话从某个层面上来讲，有一定的道理。

请你永远记住：想了解某个行业，要么你亲自去尝试，要么去咨询这个行业的成功人士，切记别问失败的人和对这个行业丝毫不了解的人，因为他除了失败的经验和负能量，什么都给不了你。

无论是个人还是公司，要想快速成长，就要向当下最有成果的人学习，因为成果不会撒谎。失败的人，活在过去的世界中；小有所成的人，活在自我的世界中；而想要获得更大的成就，就应该走出自我的世界，向外学习，向其他人请教，找到通往成功的最佳路径。

聪明的人是借鉴别人撞得头破血流的教训，愚蠢的人则是非要自己撞得头破血流才吸取教训。想要达到年薪百万，就去研究年薪百万的人做了什么；想要创业，就去看创业成功的人都做了什么；想要成为某个领域的专家，就去向那个领域的专家学习，看看他们在做什么。

只要用心去观察、去体悟，就一定能从成功者身上学到有效的方法和理论。

腾讯获得成功的一个重要原因就在于马化腾懂得向当下最有成果的人学习经营理念。当小米的米聊盛行时，腾讯推出了微信；阿里巴巴的支付宝流行的时候，腾讯的微信支付出现了；《英雄联盟》大行其道的时候，腾讯的《王者荣耀》上线了……马化腾紧跟时代的需求，通过快速向互联网各个领域中最有成果的人学习，做出了众多优秀的产品，从而确保了腾讯的屹立不倒。

"西天取经"式的故事很励志，却不一定适合每个人。此一时彼一时，太远太久的经验有时候并不管用。当下最有成果的人，最有发言权，最具说服力。

那么，到底该如何向当下最有成果的人学习呢？

作为个人，看看你身边当下最有成果的人是谁。第一步，找到他；第二步，靠近他；第三步，学习他并努力成为他。

作为老板，要鼓励员工向公司当下最有成果的人学习。在此，我建议老板们尝试在公司内部建立一种奖励制度。

比如，可以尝试设置"冠军家宴"，每个季度宴请各个板块的业务评比中的优胜者，把业务冠军当作企业的超级大客户来服务。企业引入竞争机制，建立这样一种冠军文化，才会有进步，才会更强大。

除了重赏冠军，企业还要大力传播冠军的故事：传播他的成功经验，传播他做人做事的标准，传播他的思想和精神。

当冠军的思想和精神得到了有效的传播和复制，企业就能快速发展起来。

学以致用，见诸行动

向当下最有成果的人学习之所以如此重要，是因为它满足了以下两点：

第一是学以致用。知而不行，是为不知。"学"后面必须紧跟着"用"，学了不用，知识就没有价值；学了就用，知识才会越来越有用。知行合一，以知促行，以行求知，这才是最完美的状态。

第二是触发行动。《道德经》中讲道："上士闻道，勤而行之；中士闻道，若存若亡；下士闻道，大笑之。不笑不足以为道。"高手就是一有触动，立刻形成方案，并采取行动。领袖都是学问的践行者。

学习能不能改运，关键就在于能否把学到的知识用起来，用学到的道理指导行动。

韩寒导演的电影《后会无期》中有一句台词是：听过很多道理，依然过不好这一生。马云在参加南非投资峰会时也说了类似的话：现在很多年轻人一到晚上就有很多了不起的想法，但是睡醒之后一切照旧。可见，很多人都做不到知行合一。

知识能否改变命运，取决于行动力是否足够。说到行动力旺盛，知乎的创始人周源是个典型。

1999年，"80后"周源考取了成都理工大学计算机系。一天，他在学校图书馆里看到了一本名字叫《未来之路》的书，这本书介绍了比尔·盖茨的创业经历，这让周源很受触动，内心萌发了写程序改变世界的理想。后来，他在《程序员》杂志上看到几期关于张小龙做 Foxmail 的连续报道，更坚定了自己的理想。

有了想法就要转化成行动，大学毕业后，周源决定继续深造，以提升自己的编程实力。2003 年，他获得了东南大学软件工程专业硕士学位。2004 年，周源来到上海一家加拿大软件公司，从事底层数据库开发的工作。他原以为自己就此"梦想成真"，结果却是"魂断蓝桥"。做了一年软件工程师，周源发现自己虽然很喜欢写代码、当工程师，但这离他最初"开一家科技公司"的想法距离很远。

2005 年，周源转行去《IT 经理世界》杂志当了一名记者，开始了"北漂之路"。做记者期间有一件事让他大受启发：当时同事有一篇《陈天桥的选择》的报道入选清华 EMBA 案例库，周源觉得写得很精彩，便去找他请教，但对方却告诉他，那篇文章写得太痛苦，毕竟自己不是陈天桥，怎么可能写得清陈天桥要做什么选择呢。这句话把周源惊醒了：要成功，不能只做成功者的旁观者。

2008 年，周源离开杂志社，踏上了创业路。最初，他的想法是利用模拟人类行为的机器人为淘宝等大型网站做压力测试工作，后来在实际研发过程中发现技术难度比较大，他转而又做了帮企业在百度等搜索引擎投放广告用的管理软件 Meta 搜索。由于经验和资金的缺乏，这次创业很快就宣告失败了。

连番碰壁的经历让周源开始反省：有没有一个更低成本、更高效的方法，让大家学习到真正有用的东西而避免走弯路？2011 年 1 月 26 日，周源与他的团队一起创立的"让人们更好地分享知识、经验和见解，找到自己的解答"为使命的内容平台——知乎，正式上线，历经 10 年的发展，知乎如今已经成为受到年轻人追捧的高质量问答社区和优质创作者集聚的原创知识平台。

从 2004 年到 2011 年，近 7 年的时间里，周源从做"码农"到转行做杂志记者，到回归老本行开始第一次创业，再到二次创业成功，他的人生轨迹很好地诠释了学以致用的道理：在学中用，在用中学，他的身上总是有一股强大的执行力。

我们每个人无论想要做什么，都要快速付诸行动，在试错中再接再厉。周源和大部分年轻人一样，遇到挫折的时候也会怀疑自己，但是他和别人不一样的一点是，他不会浅尝辄止，更不会因为理想和现实的落差而放弃行动。

学习有死学和活学两种，做老板最需要的是活学活用。学习并快速行动，是这个时代的创业者所需要的最核心的能力，学以致用的意识 + 见诸行动的执行力，能够帮助创业者走得更远。

为什么越努力越幸运

前面我们讲了老板最需要的是活学活用,对此,很多老板很担心,因为活学活用意味着一种不确定性和不可控性,企业很容易在不断尝试中失败。

其实,创业本身是一个不断试错的过程,要有试错的空间。况且,学习并付诸行动的结果并不一定是悲观的,比起因为害怕出错而拒绝行动,学以致用,勇于尝试,可能会带来更多的幸运。

作家李敖有一句很经典的话:笨人做不了最笨的事,最笨的事都是聪明人做的。这是为什么?原因就是"聪明人"往往眼观六路耳听八方,他们会巧妙地避开困难,而成长的机遇也在这一次次的避开中错过了。而"笨人"的"死脑筋"却会使他们不断试错,然后积极地寻找解决方案,他们会不计成本地坚持下去、努力下去,等到拨云见日的那一天,他们反而占了先机。于是,我们经常看到,在生意场上,"聪明人"只是赚了小钱,"笨人"反而发了大财,做成了百年老店。

自2012年3月上线以来,今日头条凭借个性化推荐引擎技术,很快在互联网行业夺取一席之地,引得大家争相学习。

1983年出生的张一鸣,是如何创造今日头条这个优秀产品的呢?他的答案是4个字:延迟满足。即为了更有价值的长远的结果,而放弃即时的满足。张一鸣说："延迟满足，会让你愿意主动做更多，从而得到更多的锻炼，而不是去斤斤计较这是不是我该做的事情。"

2005年，张一鸣从南开大学毕业，加入酷讯。一开始他只是一个普通的工程师，但第二年，他就开始管理四五十人的团队。在这份工作中他成长得很快，原因不是他技术最强，而是他喜欢多做事。

每当张一鸣做完自己的工作以后，对于同事遇到的工作上的问题，只要能帮上忙，他都会去协助解决。在他看来，要想帮助别人，首先得提升自己，这样自己也就得到了成长，这是双赢。张一鸣从不给自己设边界。当时他负责技术，却会积极地参与产品研发和商务讨论。

参与产品研发的经历，对张一鸣后来转型做产品有很大的帮助；参与商务讨论的经历，对张一鸣后来运营公司有很大的帮助；跟随销售总监见客户的经历，对张一鸣组建今日头条的销售团队有很大的帮助。

通过帮助别人，张一鸣用10年时间，把身边原来比他优秀的人都甩在了后面。那些曾经比他优秀的人，较早地品尝到了胜利的果实，就此安于现状，止步不前，放弃了提升自我的机会。而张一鸣却在不断学习，一次次修订自己的人生目标。

人们总说"没有人能随随便便成功"，"80后"张一鸣的创业经历就是最好的例证。他一直往前看，从不满足于当下，从不满足于已有的成绩。像他这样优秀的人都是敢对自己"下狠手"的人，他们都是在不断精进自己的过程中超越他人的。只有对自己没有要求的人，才会跟"努力"过不去，才会觉得学习没有什么用。

王阳明曾这样阐述"做事是最靠谱的学习"的道理：人须在事上磨，方立得住，方能"静亦定，动亦定"。人的潜能在做事时会被充分地激发出来，而要把事情做完、做好，就必须依靠自己的耐性多做事，在这个过程中，人的能力和心性能得到最好的锻炼。

对于企业家而言，在做事中修炼是很重要的。"小富即安"的心理之所以要不得，就是因为企业和企业家会因此丧失提升自我的动力，最终被时代淘汰。

要想改变结果，首先改变思维

近几年，中国的创业环境排进了全球前5，每天新注册成立的公司超过1万家，年增长率达33.74%。与这个数据形成强烈对比的是，有九成以上的创业公司熬不过3年。

可怜这些老板，把全部身家押在企业上，几乎是用生命在搏事业，可市场情况说变就变了。

刘慈欣的科幻小说《三体》中有一句话是：我消灭你，与你无关！很多创业企业有过这样的遭遇，它们被消灭了，却一直没搞明白是被谁灭了。

这个凶手是谁呢？是时代，是竞争对手，更是我们自己。在互联网时代，很多传统企业的消亡往往与外部威胁无关，根本原因是企业家的思维跟不上时代的变化。作为老板，思想观念如果不发生改变，后果不堪设想。

学习的第一大功能是改变思维。

比尔·盖茨说："最大的财富不是堆积如山的金钱，而是聪明的大脑。打开思路，万物都可以赚钱。"法国诗人保尔·瓦莱里也说："人类最大的不幸是他没有像眼睑或制动器那样的器官，使他能在需要时遮住或阻遏一种思想和所有的思想。"老板抱怨挣钱无门的时候，往往正是自己思路堵塞的时候。

从33岁的"高龄"当学徒的那一天开始，康奈创始人郑秀康就认准了勤能致富的道理。1979年9月28日，这是让郑秀康永生难忘的一天，在这一天，他试做成了第一双皮鞋，这意味着别人花3年才能学会的制鞋技术，他用45天的时间就学会了。"我们夫妻俩就利用床前仅3平方米的天地，开始创业。创业初期，每天都要埋头工作16个小时，几乎没有休息日。"后来，他这样形容自己和妻子开始创业的那段时光，他将勤奋做事的习惯一直保留了下来，可还是遇到了越来越多勤劳无法改变的事情。

1987年8月8日，杭州的武林广场燃起一堆烈焰——5000多双产自温州的假冒劣质鞋当众销毁。这次事件，让一直埋头苦干的郑秀康，第一次抬头寻找方向。

他先是四处托关系，到上海皮鞋研究所学习。

接着到东莞，找温州老乡带路，到台资制鞋企业学习。

之后，他又到被誉为世界鞋都的意大利学习，看着一双双工艺精湛的皮鞋在流水线上被制造出来，郑秀康看到了温州鞋与真正的好鞋之间的差距，也看到了温州鞋升级换代的希望。

回国之后，郑秀康做了一个大胆的决定：退出批发市场，走连锁品牌专卖之路；引进意大利设计师，追赶世界鞋业时尚潮流；加入世界权威鞋类研究机构，推出有自主知识产权的系列舒适鞋。此次学习求变之后，康奈重获新生。

很多老板和郑秀康一样，笃信勤能致富的古训，习惯了低头赶路而忘了抬头看天，直到被时代的浪潮拍到了沙滩上，才想起学习求变。殊不知"正确思维+适时行动"才能收获成功。

如果公司的现状不是很好，一定是以前的一些错误的选择和错误的决定导致的。在这个时代，要想改变企业的现状，老板首先要改变固有的思维模式；而要想改变思维模式，老板先要养成主动学习的意识。

稻盛和夫说，公司的命运由经营者的思维方式决定。他用了33年才把京瓷株式会社经营到年利润500亿日元的规模，但只用了8年就把第二电信集团的年利润做到了500亿日元。原因就在于经过前面33年的打磨，他的思维模式逐渐成熟了。

稻盛和夫结合自己的经历，提出了一个著名的成功方程式：热情 × 思维方式 × 能力＝成果。这个公式得到了很多老板的认同。

热情是原动力，这一点很多老板在创业时并不缺乏；能力、经验和技能，很多老板也都具备；而老板与老板之间最大的区别，就在于思维方式。

正如稻盛和夫所言，如果能力和热情的取值范围为0~100，那么思维方式的取值范围则为 –100 ~ 100。思维方式发生改变，人生和事业也会有180度的大转弯。

思维如此重要，以至IBM创始人托马斯·约翰·沃森要求全世界IBM管理人员的桌上都必须摆上"Think"立牌，借此提醒大家："别忘了，大家都是靠大脑赚钱的，要保持不断学习的意识。"

学习提升眼界，眼界决定世界

红顶商人胡雪岩说过这样一句话："如果你有一乡的眼光，你可以做一乡的生意；如果你有一县的眼光，你可以做一县的生意；如果你有天下的眼光，你可以做天下的生意。"

学习的第二大功能是帮助老板开阔眼界。所谓眼界，就是能透过眼前的迷雾看到金光闪闪的未来。

2019年7月，小米公司发布内部通报称，公司两名员工涉嫌贪腐，被公司处以辞退且永不录用、退还不当得利、没收全部期权，并移送公安机关。

据了解，这两名员工中的一位，曾任小米创意视频部的总监。作为小米的明星员工，这位前总监在公司待了6年，收入可观，却因为眼界问题，一失足成千古恨。

说起眼界，就不能不提到孙正义。1996年，孙正义向雅虎投资1亿美元，获得雅虎超过30%的股权。此举令还在创业初期的雅虎总裁杨致远都感到震惊。孙正义真正看中的是什么？是互联网浪潮。

1999年，正值阿里巴巴第二轮融资，孙正义很爽快地向阿里巴巴注资2000万美元。当时的媒体都说是因为阿里巴巴的创始人马云的人格魅力太大，不可否认，这是原因之一，但除了看好马云，孙正义更看好电商浪潮。

2006年，孙正义用1.75万亿日元并购日本第三大运营商沃达丰（日本）。

此时的沃达丰（日本）被称为"正在下沉的船"，业绩上并不明朗，孙正义做出这个选择，他看中的是移动互联网浪潮。

2016年，孙正义卖了部分阿里股票，又把游戏公司Supercell卖给腾讯，然后斥资300多亿美元，大手笔收购英国芯片设计公司ARM。今天90%的智能手机芯片来自ARM，未来将有80%物联网的芯片也来自ARM。掌握了ARM，就掌握了全世界的物联网平台。孙正义买下ARM看中的是什么？答案显而易见，是物联网浪潮。

孙正义的投资决策，常常不被人理解，那是因为他们看的是眼前，而孙正义看的是未来。孙正义提出了一个叫"飞跃经营"的理念，他认为越是犹豫不决的时候，越要关注未来。普通人往往只看到眼前，看不到未来；企业家则要看到企业10年后、20年后的发展。

眼界的"先天不足"，是可以通过后天的学习来弥补的。学习虽然不会一下子就帮你拓宽视野，但是当你开始学习的时候，你的内在品质和能力会一步一步地得到提升；随着你的能力不断提升，你会达到一个新的高度，除了对事情的判断力大幅增强，你还会因此吸引到更多优秀的人，这些优秀的人会带你看到更大的世界。

只有学习才会告诉你，这个世界永远比你所以为的更大。

所谓提升格局，就是放大空间

学习的第三大功能是提升格局。什么是格局？格局就是一个空间。心胸决定格局，格局决定空间，空间决定气度，气度决定结果。

六尺巷的故事，大家都很熟悉。据《桐城县志略》记载：清康熙年间，当时的文华殿大学士、礼部尚书张英的老家在安徽桐城，彼时张家的府第与吴家相邻，两家院落之间有条巷子，供双方出入使用。后来吴家要建新房，想占这条巷子，张家不同意。双方争执不下，闹到了县衙。

由于张吴两家都是当地的高官望族，县官有些犯难。于是张家人写了封信，将这事告诉了京都的张英，要他出面解决。张英看完信，回了一首诗："千里修书只为墙，让他三尺又何妨？万里长城今犹在，不见当年秦始皇。"

张家人接到张英的回信，旋即拆让三尺。吴家看到后十分感动，也让出了三尺。于是，那条巷子便成了一条六尺宽的巷道。张英的主动退让，显示了他宽大的胸怀，一时传为美谈，被后人广为称颂。

"心宽一尺，路宽一丈。"人生像条河，有急、有缓、有曲、有直。人生不如意十之八九，很多时候，心小了，小事就变大了；心大了，大事也变小了。学习的过程，就是一个把心变大的过程。

如果一个老板心心念念的只有每天赚了多少钱，只顾眼前的小生意，他的公司就很难做大；如果一个老板心心念念的是通过做小生意来干一番大事业，通过克服一个个困难来完善自我、提升自我，那么不仅可以赚到很多钱，个人影响力也会超乎其个人的想象。老板的格局一旦提升了，好运就会降临，公司就会发展壮大。

羊绒产业的翘楚——鄂尔多斯集团的前身只是一家很小的羊绒衫厂，最开始依靠补偿贸易的方式从日本三井株式会社引进技术、设备、管理，随着企业的发展壮大，鄂尔多斯集团老板王林祥展现出了非凡的格局，提出了"鄂尔多斯，温暖全世界"的响亮口号，并做出相应的战略调整，让鄂尔多斯迈上了一个新高度。

要知道，当时全球羊绒行业的标杆企业是英国道森集团，它曾蝉联世界羊绒行业冠军150年。鄂尔多斯格局一经提升，一发不可收，用了不到10年的时间就打败了英国道森集团，登上了世界第一的宝座。鄂尔多斯用实实在在的业绩证明：格局大了，世界就变大了。

可见，作为老板，既要开阔自己的胸襟，能吞下不如意的人和事，做一个宰相肚里能撑船的人，更要开拓自己的事业格局，敢想一般人所不敢想。老板眼里有宏伟的蓝图，企业才有广阔的未来。

一个有大格局的老板，纵然住在一个小小的房间里，也能扭转心境，通过学习，时常清理心房里的"垃圾"，不断扩大自己的"内存"，把小房间变成大世界。

境界上去了，问题就没有了

学习还有一大功能是提升境界。眼界是长度，格局是宽度，境界是高度。境界上去了，问题就没有了。境界提升一分，能量会发生 N 倍裂变。

如果生命是一条河，那么随波逐流是大部分人的选择，逆流而上是少部分人的选择。而成功就属于这些逆流而上、不断攀登生命高峰的人。

逆流而上，境界越高，沿途看到的风景越壮美。

曾任星巴克董事长兼首席执行官的霍华德·舒尔茨先生在他的自传《一路向前》中有这么一句话："I could not allow myself, to drift into the sea of mediocrity, after so many years of hard work.（我不能容忍自己沉入平庸之海，尤其是在经历了这么多年的奋斗之后。）"

舒尔茨说这句话的背后有一段惨痛的经历。时光倒回从前，1961年冬天，当卡车司机的父亲出了车祸，失去了一条腿，这个家庭从此失去了经济来源。从那以后，每天出现在舒尔茨家餐桌上的，都是母亲捡来的菜叶和打折处理的咖啡，这些东西常常让人难以下咽。

父亲失去了生活的信心和勇气，变成了酒鬼，动不动就把气撒到舒尔茨身上。12岁那年的圣诞夜，因为母亲借不到钱，父亲大发雷霆，母亲只好让肚子饿得咕咕叫的三个孩子在街上"望梅止渴"。舒尔茨发现一家商店门口的促销商品琳琅满目，其中还有包装精美的咖啡。舒尔茨知道父亲很爱喝咖啡，为了让父亲开心，他不管不顾做了一件事——偷了一罐咖啡塞到棉衣里，被店主发现了，大喊着抓小偷，舒尔茨撒腿就跑，回家把咖啡送给了父亲。闻着咖啡浓郁的香气，父亲很开心。但还未来得及喝，店主就找上了门，事情败露，舒尔茨被狠狠地揍了一顿。这个圣诞节在小舒尔茨心中留下了不可磨灭的印象，他暗自发誓要努力奋斗。

带着青少年时期的贫穷与耻辱，舒尔茨拼命学习，考上了大学。在大学期间，为了省钱，他很少回家，把自己的全部时间都用来打工。有一次，母亲打电话让他回家，他忙着赚钱，没有答应。两周后他终于忙完工作回到家，才知道父亲去世了。

在整理父亲的遗物的时候，舒尔茨发现一个锈迹斑斑的咖啡桶，正是当年他偷的那罐咖啡。桶盖上有父亲的字迹：儿子送的礼物，1964年圣诞节。

桶里面还有一封信，上面写着："亲爱的儿子，作为一个父亲我很失败，没能给你提供优越的生活环境，不过我也有梦想，最大的梦想就是拥有一间咖啡屋，悠闲地为你们研磨冲泡香浓的咖啡。这个愿望无法实现了，我希望儿子你能拥有这样的幸福。"故事看到这里，大家也就知道了舒尔茨收购星巴克的原因。很多人会把开一家咖啡馆作为一项事业，而舒尔茨把这件事当成对自我的救赎，当成幸福的源泉，当成对未来的期盼。

收购星巴克之初，为了筹集资金，舒尔茨曾经向242个人求助，其中有217个人拒绝了他，有些人不仅不借给他钱，还嘲笑他疯了。哭过累过，美国穷小伙舒尔茨始终没有放弃。因为他知道，当自己走出人生低谷，这些努力都值得了。

《心灵地图》的作者托马斯·摩尔明确指出："心灵碎裂的时候，可能恰恰是重生的开始。"纵观商界，很多优秀的企业家像舒尔茨一样，在心灵"碎裂"的基础上重生。这里有一个关键："我"是一切能量的来源。

当你在困难面前觉得"我"可以做得更好，"我"值得拥有更好的人生，"我"的公司可以为世人创造更好的生活的时候，你的能量由此增加，你会发现你看问题的境界提高了，很多在常人看来很成问题的事情，到了你的眼里，就成了一个成长的机会。

站在未来看现在，叫境界；站在现在看未来，叫规划。志向大一点，境界高一点，问题就不再是问题了。有大境界的人都会用发展的眼光，来解决当下的问题。他们会时刻告诉自己：云端之上，必然晴空万里。

企业有问题是正常的，今天有问题，只要往前走，所有的问题迎刃而解。有了问题，却不去解决，小问题就会变成大问题。解决所有问题的最有效方法就是发展，而发展靠的是学习。

当飞机飞到一定的高度，你看到的是晴空万里；当企业家的境界到达一定高度，他看到的是星辰大海。伟大的企业家在其成长道路上，一般会经历三重境界。

第一重境界是事业层面的突破。这是一个从仅仅为了赚钱到把经营企业作为毕生追求的境界，在这个阶段，企业家慢慢脱离每天都在为企业的生死存亡而忙碌的状态，在试错和学习中领悟到成长的真谛。

第二重境界是人生层面的突破。也就是从为自己而活到为他人而活的境界，在这个阶段，企业步入正轨，企业家打下了一定程度的物质生活基础，开始反思自身的人生意义和价值。

第三重境界是企业层面的突破。这个境界是问鼎"世界级企业"的境界，在这个阶段，企业家开始站在造福人类、促进人类进步和发展的角度看待企业的存在价值。越往高处走，所思所想就越"高大上"。

很多企业家会说自己不是不愿意学习，而是没有时间学习，而且岁数大了，也不知道怎么学。其实，学习不等同于要头悬梁死读书，企业家可以通过多种途径随时随地学习。

通道一：读万卷书

读万卷书的目的是让自己博学。大文学家雨果说："各种蠢事，在每天阅读好书的影响下，仿佛烤在火上一样，渐渐熔化。"杨绛劝告年轻人："你的问题在于，读书太少，而想得太多！"多读书，性情得到陶冶，整个人的气质就会很不一样。

伟人都酷爱读书，老子做过"图书馆馆长"；毛泽东当过北大图书馆管理员助理；我的老师刘成军老师讲课讲得好，是因为开过书店。思想是底片，行为是照片。一个人外在的才华，是他内在智慧的显现，而一个人内在智慧的最好给养就是读万卷书。

通道二：行万里路

行万里路，是为了增长见识。中国近代伟大的革命家孙中山先生年轻时曾有过一段经历。一次，他留学归来途经武昌，便去拜见湖广总督张之洞，他在总督府门口呈上拜帖："学者孙文求见之洞兄。"当时事务繁忙的张之洞接见的大多是达官贵人，见到这个拜帖后，他顺手拿纸笔写了一行字"持三字帖，见一品官，儒生妄敢称兄弟"，叫看门的拿着字条去打发孙中山走。没想到，孙中山看后回了几个字："行千里路，读万卷书，布衣亦可傲王侯。"

张之洞很为孙中山这种不卑不亢的气度折服，忙整装接待了孙中山。孙中山为什么能被尊称为国父，就是因为他是最早提倡以革命推翻清朝统治、建立政府的革命家。而孙中山为什么能有这样的思想高度呢？那张小小的纸条上写了答案：行千里路，读万卷书。

一个踏遍千山万水的人，他的眼界必然高于众生，看向远方。我的恩师李燕杰说过："一个人没见过高山就不晓得什么是平原，一个人没见过大海就不晓得什么是小河。去过的地方越多，见识得越多，视野和心胸就会越开阔。"很多时候，我们只有跳出舒适圈，到外面的世界去，才能发现自己的狭隘，才能发现世界的广阔。

通道三：交万方友

为什么要交万方友？著名主持人赵忠祥写过一本书叫《岁月随想》，里面给出了很好的答案："一个人本事再大，如果没有朋友的帮助，就像一粒没有阳光和水分的种子，永远不会发芽。"

马云能有今天，与一路上结交贵人不无关系。蔡崇信、彭蕾、孙正义、肯·莫利、杨致远等，这些人在马云创业的不同时期，给予过他不同的帮助。正所谓，朋友多了路好走，贵人多了生意好做。

通道四：学会识人

百智之首，识人为上。见识过很多人，与许多人有过交往，看人看得越准，就越能少走弯路，事半功倍。识人是一门博大精深的学问。懂得识人的老板，能在危难之际得人才而力挽狂澜；不懂识人的老板，占尽天时、地利，却失了人和，往往功败垂成。

通道五：结识名师

行万里路不如阅人无数，阅人无数不如名师指路。"三人行，必有我师焉"，一生当中没有见过几个真正有大学问的人，你就不知道自己多么平凡和渺小。井淘三遍出好水，人从三师武艺高。老姜辣味大，老人经验多。自己摸索毕竟缓慢，如有专业知识丰富的名师或权威人士指导，我们更容易快速解决问题，使得能力进一步提升。

原则：直接进入核心

无论借用前面哪种通道，都要把握一个原则：直接进入核心。

普通人学皮毛，而成功者直接进入核心。我们这一生，说过无数句话，也许真正起到关键作用的也就是核心的几句。

核心就是事物的关键。核心就是根本，找到核心就能让你找到四两拨千斤的着力点。学习最重要的是进入核心，抓住本质。读书要读其精髓，与人打交道要进入核心圈子，向人学习要学对方真正有价值的经验。

谦卑是一个人迈向伟大的起点

无论通过哪种通道学习，想要真正达到目的，一定离不开一种品质——谦卑。一个人内心有智慧，敏感多思，而且愿意好好去学，甚至乐意向比自己差的人去请教问题。这是一种难得的态度。

在《论语·公冶长》中，子贡问孔子：孔圉这个人为什么得到"文"的谥号？

孔子回答说："敏而好学，不耻下问，是以谓之'文'也。"翻译成大白话就是，孔圉这个人聪敏勤勉而又好学，不以向比他地位卑下的人请教为耻，所以给他的谥号叫"文"。

在古代，"文"这个谥号意味着极高的褒奖。比如，周文王谥文，范仲淹谥号文正，苏轼谥号文忠，近代曾国藩谥号文正，李鸿章谥号文忠。

孔文子（孔圉）之所以能获得这个宝贵的谥号，主要原因就是他谦逊，不耻下问。

很多有着非凡成就的人，骨子里都是谦逊的，是平和的。徐悲鸿可以称得上是中国画家界的泰斗，可是有一次他却被一个乡下老农批评指教了一番。原来徐悲鸿根据苏轼的诗画过一幅《写东坡春江水暖诗意》，画中有一只麻鸭，它的尾羽被徐悲鸿画得长且卷曲如环。这个从来没有上过一节美术课的乡下老农告诉徐悲鸿，雄麻鸭的羽毛鲜艳，尾巴卷曲，而雌麻鸭的毛就多为麻褐色，尾巴却极短。

徐悲鸿听了以后，不但没有觉得尴尬，反而悉心接受了批评，并诚挚地向老农表达了谢意。

虚心接受指正，无损大师的绘画实力，反倒使他的作品更完美。才华出众如徐悲鸿尚且知道谦卑为好，那些自以为有能力的人就更需要把姿态放低。一切就像印度的一位大师说过的："当你谦卑的时候，一切存在的事物都会成为你的老师。"

孔子的弟子曾子说："以能问于不能，以多问于寡；有若无，实若虚，犯而不校，昔者吾友尝从事于斯矣。"即是说，个人是有能力的，还向没什么能力的人请教；一个人他自己是很有学问的，还向学问少的人去虚心求教；一个人是有格局的，但是他看起来好像什么都没有；一个人自己本来已经很充实了，但是他看起来没什么学问；一个人保持一种谦逊的、空灵的、虚静的、安闲的状态，就算有人冒犯他，他也不计较。从前我的一位朋友便是这样的一个人。好学而又虚心、充实而又宁静的状态，是曾子羡慕的境界。

而在现实生活中，有些老板永远都要找那些比自己差的人在一起，他就是要当头，就是要当老大，享受被仰视的感觉；有些老板一辈子都在寻求别人对自己的认同，不愿意和地位不如自己的人打交道，这其实是不自信的表现。真正自信的人，是不会囿于"层次"或者"圈子"的，任何人都可以成为他学习的对象。

所有的人都是我们的老师，一个真正懂得如何学习的老板，能够很容易地从别人身上学到东西，不断地加深自己的认知。

人生快速成长的三大秘诀

"学习"不是一个褊狭的词，它的含义非常广泛，真正懂得学习的人，时时刻刻能让自己处于学习的状态。

让人生快速成长的途径就是在做事中学习，前提是这件事必须是自己发自肺腑喜欢的事情。所谓成长，就是向一个方向无限靠近。当兴趣转化为志趣，人生进取的方向就确定了。志趣是学习的动力。

一个长相一般，学习不好，总是被老师批评，为缓解压力在课堂上看小说，几次被赶出教室的"问题"高中生，而且是女生，是不是注定一辈子会很惨呢？

面对同样的困境，在线少儿英语教育品牌VIPKID的创始人米雯娟大声地对世界说："不！"

米雯娟其他功课样样不好，但有一样很突出，那就是英语。对于英语，米雯娟是发自肺腑地热爱："读初中时，我用积攒下来的零花钱买跟英语有关的学习资料。那个时候，我每天抱着复读机两三个小时，反复地跟读、听读，有时连午饭都忘了吃。有一次，我甚至在数学老师的课上看英语书。我挨骂了，但还是一如既往地热爱英语。15岁我就已经达到全国大学英语四级的水平，但是除了英语，其他学科我都学得不太好，尤其是数学。"

2000年，正在读高二的米雯娟被数学老师赶出教室。17岁的米雯娟，思考了一下，觉得自己既然学不会，就不必参加高考。于是，她决定投奔舅舅去。米雯娟的舅舅在北京南三环开了一家英语培训班，那刚好是米雯娟感兴趣的事情。

那些年，从发传单、招生，到开车、打扫教室和给学生上课，米雯娟什么活儿都干。那时她每天早上要6点钟起床，忙完已经是晚上十一二点了。虽然很累，但米雯娟不后悔。晚上回到家，米雯娟还会自学英语到一两点。

后来，米雯娟从负责一线教学到从事公司运营，从创立一家少儿英语教育集团到参与多个培训中心和业务部门的设立。工作量越来越大，但她对英语的热爱丝毫没有减损。

2008年，线下英语培训机构开始走下坡路。米雯娟通过自学拿到了大专和本科文凭，更在2010年考上了长江商学院的MBA，进行全日制的两年硕士研究生课程的学习，还去美国康奈尔大学做了一个学期的交换生，而后进入一家投行和百度投资部去实习。在长江商学院，米雯娟不仅学到了知识，还交到了朋友，并在朋友的引荐下，找到了VIPKID的两位联合创始人。

"我希望让小朋友们插上语言的翅膀，自由行走在这个星球上！"在这样的使命感下，从长江商学院归来的米雯娟，开始有了创业思路。对于独立创业，父母强烈反对，认为她这么做是对舅舅的背叛，没有良心。

尤其是米雯娟的母亲，数次以和她断绝关系作为要挟。2013年，米雯娟顶着巨大的压力创办了VIPKID在线少儿英语教育。很快，从李开复的创新工场拉到了第一轮投资。

因为喜欢，所以愿意花时间去做。因为喜欢英语，所以坚持到底，为其奉献一生。米雯娟凭着对英语的热爱和努力，把VIPKID打造成估值达到15亿美元的在线英语教育领域的独角兽企业。

从米雯娟的经历中，我们可以看到人生快速成长有三大秘诀：

1. 热爱

就是因为热爱，米雯娟的人生只为英语这一件事而来。而我成杰的人生只为教育培训这一件事而来。我开了一门课叫"为爱成交"，热爱是最好的老师，热爱可以跨越一切障碍，热爱让世间的困难都变得容易起来。

2. 责任

责任的大小决定了成长的快慢。勇于承担，人才会成长。社会角色理论告诉我们，我们生而为人，饰演着各种各样的角色，不同的角色一起构成人类社会，让我们区别于其他生物。

因为社会分工，我们必须承担自身的责任，完成角色赋予我们的任务。俗话说，人生不如意事十之八九。越是身处逆境，越是要承担，而不是一味逃避责任。正如《周易》所云："天行健，君子以自强不息；地势坤，君子以厚德载物。"

从米雯娟身上，可以看到这种自强不息的精神。米雯娟接受了自己学习不好、不适合走高考然后上大学的常规路线，但没有自暴自弃，在不断成长中，实现了角色的不停转换。她的经历和我很像，最初的世界遍布着荆棘，但我们用自己的手，在所经之路上种下了美好的花木。

3. 使命

"一个有使命感的生命，是这个世界上最伟大的作品。"这句话出自法国文艺复兴时期的思想家蒙田。一个人活着，有目标，有伟大的使命感，他的一生必将辉煌。

因为使命感，米雯娟将自己对英语的热爱，化为"让全球的小朋友再也不会为学英语发愁"的目标；因为使命感，我将自己对教育培训的热爱，化作"建设101座希望小学"。

使命感能让我们的人生进入一个更广阔的空间。

练习拥有本领，体验进入核心

什么叫"学习"？学，是吸收知识。习，是练习，是把学到的内容消化、转换，练习到极度熟练，最终为自己所用。所以，老师告诉我们，练习永远比学习更重要。

"你耽误了差不多两个小时的练习时间，这两个小时你永远也找不回来了！我为了你放弃我的工作，放弃了我的生活！你妈为了你拼命工作，勒紧裤腰带过日子，你不能灰溜溜地回到沈阳！人人都会知道你没考进音乐学院！人人都会知道你的老师不要你了！"

郎朗在他的自传中提到了与父亲郎国任之间发生的一次激烈冲突。1992年，郎国任辞去了工作，带着9岁的郎朗从老家沈阳南下北京学琴。他们租住在一间脏乱的公寓里，郎国任对儿子进行魔鬼式训练，他要求郎朗每天多练两个小时的琴，"像活不过明天那样地练琴"。正是父亲不近人情的训练，才有了今天的郎朗。

美国畅销书作家丹尼尔·科伊尔的《一万小时天才理论》与加拿大畅销书作家马尔科姆·格拉德威尔的《异类：不一样的成功启示录》都提到过"一万小时定律"。

这个定律一度被全世界的精英身体力行，他们认同《异类》中所说："人们眼中的天才之所以卓越非凡，并非因为天资超人一等，而是因为付出了持续不断的努力。1万小时的锤炼是任何人从平凡变伟大的必要条件。要成为某个领域的专家，需要1万小时，换句话说，如果每天工作8小时，一周工作5天，那么成为一个领域的专家至少需要5年。"

英国一位神经学家给出了理论依据，人类脑部确实需要1万小时的时间，去理解和吸收一种知识或者技能，然后才能达到大师级水平。顶尖的运动员、音乐家、棋手，需要花1万小时，才能让技艺至臻完美。

"一万小时定律"告诉我们，对于所有的成功者来说，不管枯燥还是有趣，超出常人忍受力的练习必不可少。企业家也不例外，《基业长青》的作者之一吉姆·柯林斯就曾经指出："我还没有见过任何一个懒惰的富人，当然那些通过继承巨额财产的人除外。富人都很拼命，做着普通人做不到的事情。"

孔子说，"学而时习之，不亦说乎"。在孔子看来，学习是一件令人愉悦的事情，不断地练习，能够让人产生沉浸体验。在《刻意练习》这本书里有个原则：如果有人能做到一件事，其他人也能做到。比如：为什么有人能把π背到小数点后1万位，而其他大多数人通过努力，也只能背到1000位？不是因为后者记性不好，而是他们从心底里并不愿意背。在他们的潜意识里，背到1万位以后没有意义，这不是他们发自内心想做的事情。

这件事情告诉我们，通过刻意练习，人们能突破自己的能力圈层，做到曾经以为自己做不到的事。如果做不到，只是因为不愿意做而已。

练习拥有本领，体验进入核心。再枯燥，也请多多练习吧！这里，分享一下我实证过的七大练习技巧：

眼睛看，学一遍；

耳朵听，学两遍；

嘴巴讲，学三遍；

记笔记，学四遍；

动手试，学五遍；

乐分享，学六遍；

心感悟，学七遍。

迈克尔·乔丹如何成为"飞人"？历经数万次的投篮练习！

迈克尔·菲尔普斯如何成为"飞鱼"？历经数万次的下水练习！

泰格·伍兹如何成为"高尔夫之王"？历经数万次的挥杆练习！

乔·吉拉德如何成为"世界上最伟大的推销员"？历经数万次的敲门练习！

我如何成为"最具正能量的演说家"？历经数万次的演讲练习！

所有的能力都是可以被开发出来的，所有的天才都是练习出来的。从今天开始，坚持1万小时的练习，你就能成为你所在领域里传奇般的存在。

今天的我，比昨天更优秀吗？

格兰仕集团作为一家世界级企业，它的发展壮大与创始人梁庆德有很大的关系。已过不惑之年才开始创业，40多年来，梁庆德坚持学习，不断超越自我。

因为梁庆德无论在飞机上、火车上还是汽车上都手不离书坚持学习，格兰仕的员工亲切称梁庆德为"交通大学毕业生"。正是梁庆德这种坚持不懈的学习精神，点燃了整个公司的学习热情，才使格兰仕一步步走向强大。

无独有偶，新希望集团总裁刘永好也把学习视为日常必修课。他出行必随身携带笔和本，把学习到的东西随时记下来，并且每年花三分之一的时间与国内外优秀的人交流。

当今企业家的标配，除了资本，还应有知本。知本家+资本家=现代企业家。越来越多的企业家把终身学习当作人生使命，而非噱头。

只有企业家持续不断地学习，才有企业持续不断地成功。学习无捷径，没有谁通过读几本书就能大彻大悟，也没有谁通过上几堂课就无所不能。我在线下开了企业管理培训类的课程后，很多企业家朋友一直跟随我学习。因为他们懂得学无止境，世上不存在一劳永逸的事情。

学习的目的不仅是为了自己，还是为了周围的人。当一个人的生命提升到了更高的境界，就能够带领周围的人做出一番事业。父母永远是孩子的榜样,只有父母改变了,孩子才能够更有成就。老板对员工最大的贡献,就是成为员工的榜样,用老板的精神,为员工的生命铸魂。老板通过学习时时有改变,员工追随老板才能事事有干劲。

总之,持续不断地超越自我,不仅关乎老板个人的命运,还关乎整个企业的未来。当你感到学有所怠的时候,不妨按照我的老师安东尼·罗宾的建议,在每天结束工作时,好好问自己下面的这些问题:

- 今天我到底学到些什么?
- 我有什么样的改进?
- 我是否对所做的一切感到满意?
- 我有没有给自己提出更高的要求?

如果你的答案都是肯定的,说明你在改进自己的工作,你必然能够如愿实现自己的人生价值。反之,你应该警醒自己:革命尚未成功,我当更加努力。

商 业 真 经

02

能量篇：
如何让企业"向上生长"

万物都有着向上生长的力量，企业家亦如此。我们看一个领导人，仅凭他的言谈举止，就能对他油然而生一种敬畏之情，在这中间起作用的就是能量。

小溪涓涓而流，大海奔腾澎湃，瀑布飞流直下；野花在贫瘠的土地上怒放，仙人掌在荒凉的沙漠里傲然生长，小草在石头的罅缝中艰难生存……万物都有着向上生长的力量。

　　企业家亦如此。企业家拼的尤其是能量，而非能力。有时候能力不分伯仲，但能量高下立现。财富的增长也符合吸引力法则，财富不是我们拼命追求来的，而是靠自己的影响力吸引来的。

　　那么，"能量"究竟是什么？如何才能成为一个充满正能量的人呢？

领导人的第一品质就是"能量"

世间万物皆有能量，都以自己特有的方式昭示着自己的生命力。

"能量"到底是什么？有一个解释说："能量，一般来说是指一个人的心理特质，潜意识的健康水平，对人性的深刻理解，对社会发展的敏锐洞察力。一个人的一举一动、一言一行都是一种能量场所产生的力的作用。"

比如，我们看一个领导人，仅凭他的言谈举止，就能对他油然而生一种敬畏之情，在这中间起作用的就是能量。

1796年，因为在葡月政变中的突出表现，26岁的拿破仑被破格任命为法兰西共和国意大利方面军总司令。当时的拿破仑在军队里没有战功，没有影响力，再加上他年纪轻，手下的将领都不服他，身材高大的少将奥热罗曾直接嘲讽他说："拿破仑将军，您是否身体有恙？为何您总是戴着帽子也不见高人一等？"

拿破仑身材矮小，可他的气势却不小，当时，他摘下帽子走上前，说："将军，你的个子正好高出我一头，但假如你对我无理，我将马上消除这个差距。"

言下之意，他可以砍掉奥热罗的脑袋来缩小这个差距。不要小看这句话，身边的人见拿破仑这么强硬，再不敢小瞧他，原本散漫的部队逐步纪律严明。后来，拿破仑带领军队打了几个胜仗，他的威望也越来越高。

正是凭借专属于领导人的独特的能量，拿破仑不自觉间改变了组织的氛围，改变了身边人的行为，同时扭转了战争的结局。这种独特的能量能在战场上发挥作用，在商场上也所向披靡。

2019年，面对美国狂风骤雨般的打击，外界都说华为面临"至暗时刻"，而任正非只说了一句话："美国这些政客可能低估了我们的能量。"

过去很多中国企业学习华为的狼性管理和创新文化，这么多年来却无出其右者，为什么？因为它们缺乏任正非这样有着坚定的意志和强大的魄力的领导人，这难道不是一种无形的能量吗？

任正非总是深怀危机感，一直自己唱衰华为，屡次表示度不过冬天，说不定哪天就会倒下，结果却带领华为走进了世界500强。在每次危机来临的时候，任正非凭借个人的强大能量，帮助华为转危为安。正如任正非所言："极端困难的外部条件，会把我们逼向世界第一。"

企业的领导人需要具备能量，尤其需要具备正能量。什么是正能量呢？

"正能量"一词原本属于物理学名词，它是由英国物理学家狄拉克提出来的，但这个词的流行，是源于英国心理学家理查德·怀斯曼的专著《正能量》一书。

书中将人体比作一个能量场，通过激发内在潜能，使人表现出一个新的自我，从而更加自信，更加充满活力。简单来说，"正能量"指的是一种健康乐观、积极向上的动力和情感。

领导人具备正能量，且懂得适时地引爆自身的正能量，就会给身边人不断带来希望和力量，企业因此而不断前进。

必须要指出的是，这种能量不会自然而然就形成并引爆。经过多年潜心研究，我发现领导人引爆正能量有七大方法：

（1）向上学习法：向高能量的人学习；

（2）向下学习法：和更多的人分享自己的能量；

（3）丰盈心量法：向内寻，探索自己的内心宝藏；

（4）圈子引爆法：借助圈子的力量；

（5）演说引爆法：以演说作为工具；

（6）自我超越法：不断超越自我；

（7）创造情绪法：将自己代入引爆的情绪之中。

"冰山理论"告诉我们，人的能量有很大的部分被深深隐藏，一旦唤醒就具备核爆炸般的惊人效果。只要找到方法，我们每一个人都可以成为核武器，爆发出难以想象的生命能量，赶紧行动吧。

坚持向高能量的人问道

老子说:"道可道,非常道;名可名,非常名。无名,天地之始;有名,万物之母。"

什么是道?道,自然也。道生万物,万物有道。

老子之道在保留道的多种多样的同时,把道作为产生并决定世界万物的最高存在。除了自然之道,老子之道时常被用在社会人生之道、致知之道的意义上,即分析人生、获取知识的基本原则和方法上。

见贤思齐,能够向优秀的人汲取能量。问道于高人,能激发勇往直前的能量。

2019年6月4日,某"90后"在社交媒体宣布,他以破纪录的456.79万美元成功拍下沃伦巴菲特20周年慈善午宴,引发全民关注。"巴菲特午餐"自2000年开始,在全球一直备受关注,优秀的领导人之所以愿意花高价与巴菲特共进午餐,为的就是向股神巴菲特问道取经。

自古以来,那些超凡脱俗的领袖,皆是懂得向高手学习之人。他们三顾茅庐、不耻下问的目的,就是吸取前人经验,接收高人智慧。

那么,如何向高手问道呢?这绝对是一门艺术,运用得当,取经归来;运用不妙,自取其辱。

关于如何问道,我在"商业真经"的课堂上时常会讲两个故事,即"周公问道姜子牙"和《隆中对》，这两个故事便很好地诠释了真正的领袖都善于通过问道的方式向高能量的人"化缘"。

问道的前提是诚意。

刘备问道诸葛亮有一个流传甚广的典故——三顾茅庐。当时，刘备听说诸葛亮很有学识，又有才能，就和关羽、张飞带着礼物到襄阳古隆中（今襄阳市西）去请诸葛亮出山辅佐他。恰巧诸葛亮这天出去了，刘备只得失望而归。

不久，刘备又和关羽、张飞冒着大风雪第二次去请。不料诸葛亮又出外闲游去了。张飞本不愿意再来，见诸葛亮不在家，就催着要回去。刘备只好留下一封信，表达自己对诸葛亮的敬佩和请他出来帮助自己挽救国家危亡的心愿。

转眼过了新年，刘备选了个好日子，准备再去请诸葛亮。关羽说诸葛亮也许是徒有虚名，未必有真才实学，不用去了。张飞却主张由他一个人去请，如他不来，就用绳子把他捆来。

刘备把张飞责备了一顿，张飞答应不再无礼后又和他俩第三次去请诸葛亮。当他们到诸葛亮家时，已是中午，诸葛亮正在午睡。刘备不敢惊动他，一直站了两个时辰等到诸葛亮醒来，才一起坐下谈话。

问道之后，还须敢于吸纳。

当年，西伯侯姬昌向姜尚请教治国兴邦的良策，他问："我们要制订一个怎样的治国方略，才能使天下归顺呢？"

姜尚回答说："天下非一人之天下，乃天下人之天下也。同天下之利者则得天下；擅天下之利者则失天下。天有时，地有财，能与人共之者，仁也，仁之所在，天下归之。免人之死，解人之难，救人之患，济人之急者，德也，德之所在，天下归之。与人同忧同乐，同好同恶者，义也，义之所在，天下赴之。凡人恶死而乐生，好德而归利，能生利者，道也，道之所在，天下归之。"

怎么理解呢？就是姜尚告诉姬昌，你别想着让天下归顺，天下是属于天下人的，你想把天下占为己有反而会失去天下，相反，你能好好服务天下人，天下人才会归附于你。

这话现在看来很有道理，可当时的社会正处于奴隶社会，在这种背景下，姜尚提出了把老百姓的利益放在第一位考虑，这是挑战领导人的权威啊。

难能可贵的是，姬昌不仅听了他的意见，还很高兴地说："我先君太公预言：'当有圣人至周，周才得以兴盛。'您就是那位圣人吧？我太公望子（盼望先生）久矣！"接着，姬昌亲自把姜尚扶上车辇，让他跟自己一起回宫，还拜他为太师，称呼他为"太公望"，对他不仅尊重，还予以重用。

我时常对来学习的企业家说："领袖都是学问的践行者，作为企业领导人，当以心明道，以身行道。"

向高能量的人学习，是快速获得智者开示、获取知识和能量的途径，要想真正有所得，领导人必须要放低姿态，要尽可能地以"低姿态"博"高智慧"。

当你真正坐下来与高能量的人一起畅谈人生，你就会增加生存的信心；当你真正坐下来与高能量的人一起商讨治企之道，你就会增长经营的智慧。当你真正向有能量的人学习，跟有能量的人合作，跟有能量的人共事，你会发现自己的能量在不知不觉间得到增长。

不放过任何与高手碰撞的机会

孟母三迁的故事大家都很熟悉。战国著名的思想家孟子，小时候非常调皮，母亲为了让他接受好的教育，花了很多心血。一开始，他们住在墓地旁。孟子就和邻居的小孩一起学着大人跪拜、哭号的样子，玩起办理丧事的游戏。孟母见此，决定搬家。第二次，他们搬到市集旁边。可孟子又和邻居的小孩学起商人做生意的样子，一会儿鞠躬欢迎客人，一会儿招待客人，一会儿和客人讨价还价。孟母见此，又带着孟子搬家了。这一次，他们搬到了私塾附近。孟子开始变得守秩序、懂礼貌、喜欢读书。

孟母三迁的故事告诉我们，一个人和哪些人在一起，便很容易被这些人感染。我曾经听过一句话："一个人平时花最多时间在一起的5个人的平均水平，就代表了这个人的水平。"所以，你是一个什么样的人，很大程度上取决于你所结交的人是什么样的人，取决于与你有关系的人是怎么样的。

科学家研究认为："人是唯一能接受暗示的动物。"积极的暗示，会对人的情绪和生理状态产生良好的影响，激发人的内在潜能，使人进取，催人奋进。而天天跟消极的人相处，会在不知不觉中被他们拉进黑洞，渐渐颓废，变得平庸。

与高手相处，我们就能"近朱者赤"；与黑洞型的人相处，我们很可能会"近墨者黑"。可高手难免会身居高处，我们很难与他们日夜相伴，这时，我们还有一个可行而有效的途径，可以尽可能地吸取高手释放的能量，那就是与高手进行思想碰撞。

如今，有头脑的企业家都很注重"头脑风暴"。所谓"头脑风暴"，即不受任何条条框框限制，放松思想，让思维自由驰骋，彼此交流和碰撞。通过聚在一起，从不同角度、不同层次、不同方位，大胆激荡，进而迸发出具有独创性的想法，讨论出行之有效的解决方案。

"头脑风暴"的过程，不仅是创意诞生的过程、解决方案出炉的过程，更是能量强化和互相转移的过程。

爱尔兰作家萧伯纳就说过："如果你有一个苹果，我有一个苹果，彼此交换，我们每个人仍只有一个苹果；如果你有一种思想，我有一种思想，彼此交换，我们每个人就有了两种思想。"思想上的碰撞不仅仅是为了让彼此拥有多种想法，还是为了让每个人原先的想法得到修正，从而产生更好、更高层次的思想。

有一次，我拜访我的恩师——演讲家李燕杰教授，与他进行沟通、交流、碰撞。李燕杰教授问我："成杰，你觉得何谓幸福？"

我回答："老师，我觉得幸福就是做自己想做的事，过上自己理想中的生活。"

李燕杰教授说："很好，太棒了！"

得到老师的夸奖，我很高兴，可是，我看李燕杰教授的神情，好似话中有话，于是，进一步请教："老师，您对幸福是怎么理解的呢？"

李燕杰教授沉默了一会儿，对我说："应有尽有的幸福不是真正的幸福，应无尽无的幸福才是真正的幸福。"

李燕杰教授的这句话深深地印在我的脑海里，令我心潮涌动、受益匪浅。

埋头苦干一年，不如和高手交流一小时。如果不是和老师交流，我想我可能还在"小确幸"中沾沾自喜，事业也就不会做到今天这么大了。有时候，高手的一句话，即可对我们的人生产生醍醐灌顶的作用。

这和一群智力和实力相当的人聚在一起进行"头脑风暴"，是截然不同的效果。相比之下，"头脑风暴"是集思广益，与大师之间的思想碰撞是汲取智慧。

所以，每每遇到高人，我都会向他问道，和他"碰撞"，我会问他："你的梦想是什么？你要怎样去实现自己的梦想？"

这两个问题，和世界第一畅销书作者马克·汉森"碰撞"的时候，我问过；

和世界第一名推销训练大师汤姆·霍普金斯"碰撞"的时候，我问过；

和国际超级激励大师约翰·库提斯"碰撞"的时候，我也问过。

人与人之间相互"碰撞"，才能增进彼此之间的友谊，才能在产生分歧的时刻，达到思想的融合统一，才能发现事物的本质，进入探寻事物发展规律的核心。不要放过任何和高人"碰撞"的机会，如有可能，养成和高人定期约会的习惯，久而久之，你会体会到什么叫作"站在巨人的肩膀上"。

"三步走"：如何与高手建立连接

向高手问道、与高手碰撞，终究不及和高手建立连接。我在讲课中多次讲到与高人产生连接的三大步骤，即发现高人，爱上高人，再成为高人。

如果发现一个高人，向他问道、跟他碰撞之后，就和他断绝来往，那么，你向他学到的知识将非常有限。有智慧的人都懂得要持续和高人保持连接。

2019年3月5日，云南红塔集团有限公司和玉溪红塔烟草（集团）有限责任公司原董事长、褚橙创始人褚时健先生逝世，享年91岁。万科集团创始人王石第一时间在微博上发文悼念："褚老于我，如榜样，如兄长，更如挚友。喧嚣一生，刚硬沧桑，终归清静。但死而不亡者寿。送挚友，最后一程。褚厂长一路走好。"

褚时健从牢狱中走出来，在74岁的高龄创业，种植褚橙，再度走向人生巅峰，他的传奇经历和励志人生，一直以来都让王石很受触动，为此，在褚时健生前，他多次上门拜访。王石说，自己是褚时健的粉丝，每一次拜见偶像都是汲取养分，激励自己东山再起。

"我每次来褚橙庄园不能说是看望褚厂长，而是带着崇敬的心情来取经的。褚厂长身上集中体现了中国企业家的一种精神，一种在前进中遇到困难并从困难中重新站起来的精神。"后来，在万科股权纷争中，王石的坚强让人惊叹不已，我们从中可以看到这种"从困难中重新站起来的精神"的传承。

跟高人的缘分，我们不应该止步于一次两次思想的碰撞。如果遇到一个高人，你要爱上他的智慧，爱上他的思想，爱上他的治学态度，爱上他的处世风范，这个时候，你心生崇拜，向他学习，努力成为另一个他。那么，早晚有一天，你会成为像他那样的高人。

人生的问道过程就是"先崇拜，再打败；先崇拜，再超越"。崇拜是一种智慧，打败是一种姿态，超越是一种境界。"鸟随鸾凤飞腾远，人伴贤良品自高。"遇高人不可交臂而失之，当与之产生连接。

《师说》云："人非生而知之者，孰能无惑？惑而不从师，其为惑也，终不解矣。"长期地与高人产生连接，才会长期受益，潜移默化地形成品格、升华智慧、获取能量。

下面说一说我的学员兼合伙人秦以金的故事。

2011年12月30—31日，我在杭州讲课，秦以金就坐在授课现场。当他听到我说将用毕生的精力捐建101所希望小学，当他听到我家未成业未立时就已经捐建了第一所巨海希望小学，他的眼泪模糊了双眼，他的灵魂受到了强烈的震撼。就在课程结束的当天晚上，他躺在床上，辗转难眠，他在想着一天的课堂内容，他在想着我所说的捐建101所希望小学的伟大梦想，他回顾自己的人生经历，为蹉跎的岁月而忏悔，为碌碌无为的生活而悔恨。

他拿起手机给我发了一条短信："老师，你好！我是秦以金，再过几个小时，我将迎来36岁——我的本命年，我想改变，可是，我不知道怎样改变，我也想成为像你一样的演说家。我这么大的年纪，你看行吗？"发完短信，他长出一口气。我看到短信，回复："以金，只要用心，就有可能；只要开始，永远不晚！"

自此，他把闹铃调到5点40分。他暗暗发誓，要和之前的自己划清界限。

于是，他给自己设置了面对杭州贴沙河演讲128天的目标。如同我面对黄浦江演讲101天那样,他每天早上5点40分跑到贴沙河,练习演讲,风雨无阻。

之后,我每一次开课,他都会准时到达授课现场:我到杭州开课,他就去杭州;我到成都开课,他就去成都;我到上海开课,他就去上海;我到云南开课,他就去云南。

他一直保持和我联系,向我请教演讲中的问题,询问为人处事方面的问题。我耐心回答,帮他解惑,给他鼓励。半年之后,他发生了巨大的改变。

有一天,他对我说:"成杰老师,我想拜你为师。"

我犹豫片刻说:"可以,不过,你要先免费演讲101场。"我之所以这样说,是想考察他的决心。一个人只有"真要"才能"真得到",只有"真爱"才能"真诚"。

当我说要到成都免费演讲101场的时候,他犹豫了,他的公司在杭州,他的老婆孩子也在杭州。到2000多公里以外的成都免费演讲101场,他着实难以抉择,因为有一份对公司的责任在肩上,有一份对妻儿的责任在心中。

但是,为了成长和蜕变,他安排好公司,安顿好家人,毅然决然地驱车来到成都。2012年9月24日,他完成了这101场免费演讲。不到一年的时间,他的演讲能力得到了极大的提高,他的气场与能量也得到了增强。

我对他说:"以金,一个人改变自己叫自救,一个人影响他人叫救人。你已经通过自己的努力获得自救,使自己改变,但更重要的是你要去帮助更多人。"

于是,他做出了人生中很重要的一次决定:加入巨海集团,"以师心为己心,以师志为己志"。他把协助我捐建101所希望小学作为自己的梦想,把使巨海集团发展壮大作为自己终生的事业。

我把我研发的精品课程《打造商界特种部队》交给他来讲。他的每一期课程都获得圆满成功,都受到企业家及其团队的高度赞扬。在2014年巨海集团成立6周年庆典上，基于秦以金对巨海的奉献，我作为巨海集团的董事长，决定晋升他为巨海教育集团副总裁。

秦以金在跟随我、跟随巨海发展的过程中，不断地学习，不断地蜕变，实现了人生的价值，遇到了最美好的自己。

哪怕是追随，也请和高人尽可能地产生连接吧！连接是持续保持能量的有效途径，连接是持续对接能量的有效方式。

谁先付出谁先赢，越付出越富有

人生的意义在于付出，而不是索取。付出是一种意识，同时也是一种能力。我们需要不断学习，以增加自身的能量，从而更多更好地去付出。因为，一个不断付出的人，会越来越具有影响力。

索取确实会瞬间增加我们的能量，但并不会使我们强大。记住，唯有奉献才会使得我们越来越强大。谁先付出谁先赢，越付出越富有。

战国时代有四公子：齐国的孟尝君，赵国的平原君，魏国的信陵君，楚国的春申君。为什么这些人说话对当时的国君有影响力？因为他们不断给予，礼贤下士，广招宾客，不断地扩大自己的影响力，所以国君才对他们有敬畏之心。

《战国策·齐策》中记载了这样一个故事：

孟尝君手下有一个叫冯谖的食客，一直没展现出什么才能。有一天，孟尝君问众食客："谁能替我到薛邑去收债？"冯谖自告奋勇说愿意前往。

在冯谖出发前，他问孟尝君："债款收齐了，用它买些什么回来？"孟尝君说："你看我家里缺什么，就买点什么回来吧。"不久，冯谖空着手回来了，他对孟尝君说："我替你把要来的债款赐给老百姓了，给你买了'义'回来。"孟尝君心里不爽，但碍于事先的承诺，也就没说什么。

后来，孟尝君被齐王贬回了封地薛邑，老百姓夹道相迎，孟尝君这才意识到冯谖买"义"的意义所在。从此，孟尝君器重冯谖，在冯谖的各种献计下，深得民心，赢得齐王的重新重用，更加富有了。

没有一个只会索取的人会变得富有，没有一个懂得付出的人会变得贫穷。

现代商业化社会，很多人表现得很精明，处处要算计，生怕有一点点的吃亏，他们一听到要付出，要给予，要无私奉献，就头疼。其实，这些人精明而不高明，不吃亏但也占不到什么便宜。记住，善于给予，而不是索取，才是卓越领导力的真正内涵。

步步高的段永平创办OPPO和VIVO时，坚持稀释自己的股份，让员工入股。员工没钱怎么办？段永平从自己兜里拿钱借给大家，挣钱了从红利里面还，赔了就不要了。最终，在2016年上半年，OPPO和VIVO的综合销量位列国内智能手机前三名，连雷军的小米都自叹不如。

当年提出"财散人聚，人聚财散"口号的牛根生，给部下股票、最好的房子、最好的车子，最后连自己的股份也全捐了出去，最终成就了蒙牛的品牌崛起。他做的就是"给予"。

智者说，想得到什么，就要先给予什么。舍得，有舍才有得，先舍后得，不舍不得，越舍越得。

《三国演义》中，孙策为了在江东崛起，做过一件很厉害的事情。当时，孙策想向袁术借兵帮他舅舅吴景，但他一穷二白，袁术又怕孙策乘机自立，不愿借兵。孙策就拿出了父亲用命换来的玉玺，袁术见到传国玉玺很高兴，玉玺可是皇权的象征，拿着它就有了称帝的资本，他马上借给孙策3000名士兵、500匹战马，让孙策赶快走人。孙策带着三千兵马回到江东，重整父亲基业，最终称霸江东。

孙策的做法体现的就是舍得的智慧。他舍掉了有着皇权象征的玉玺，换来了让自己称霸一方的资本——兵马。

"舍"与"得"虽是反义词，却是事物的两面，既对立又统一，是一个矛盾统一体。"舍"是放弃，却成了成因，结出了"得"的成果，不舍者不得，得也因舍而得。在得与失之间，要做到大胆地取舍，这是中华民族五千年古老智慧的精髓。

当然，需要指出的是，给予并不限于物质的东西，生命中最有能量的东西、人性中最宝贵的东西，都可以给予他人。

放手一搏的精神：唯有彻底地交给，才能全然地拥有

除了给予别人，还要做到"交给"。给予还有种居高临下的感觉，而交给则是毫无保留的互相信任。

你有没有全身心地投在一个人、一件事、一份工作上？你还记得你最近一次全力以赴是什么时候吗？你是否毫无保留地将自己交给了你正在做的事？在浮华喧嚣之中，我们往往在乎得太多，而忘了自己的初衷。一个人唯有纯粹才能成圣为王。

所幸，我见过很多纯粹的人。而在巨海集团，总有那么一些人，他们用一颗纯粹的心，全身心地交给，用行动诠释着"全力以赴"四个字，一群人、一辈子、一件事，为教育事业奉献终身。

比如我的一位员工孙蔚，她为了自己的使命和目标可以付出许多。她不断地践行着巨海集团的价值观，传播着我们的教育理念。

而她却说："巨海是个有魂有梦的地方，成杰老师是巨海的灵魂。我非常热爱巨海，对老师的敬畏和感恩、对巨海平台的敬畏和感恩让我在做事情的时候保持专注。当一个人专注时就不会再有害怕和恐惧，专注可以让一个人勇往直前！"

一直以来，孙蔚把成就巨海集团当作人生的使命。她甚至请求我让她和巨海集团签订终生协议。她坦言："我能够全心全意在巨海，都是因为我真

正认同巨海的教育理念和经营理念。来到巨海，我才明白活着的意义。来到这个世界上，每个人都有自己的使命，我的使命就是协助成杰老师把巨海做好，共同完成建立101所希望小学的梦想，帮助更多的人。"

信任是宝贵的。太多的顾虑，让人畏首畏尾；太多的防备，会让人的距离越来越远。没有人喜欢被怀疑，只有能够交付，被别人信任，才能让人更愿意与之结缘。你身边愿意与你签订终生协议的人越多，你的事业就会做得越大。

心理学家米哈里·契克森米哈赖提出了一个"心流"的概念，他认为，当你全身心投入一件你所热爱的事情时，往往会自动抗拒干扰，同时内心会产生高度的兴奋及充实感，这种感受就是"心流"。进行能产生"心流"的活动时，人们的忧虑感会消失，会感觉不到疲惫，感觉不到时间的消逝，会主动通过不断练习来增强跨越障碍的能力，会释放出强大的能量。

你的事业能走多远，则取决于你是否与之签订契约。人生在世，总需要有一种如火焰般的念头，让我们为之全身心地交给，点燃人生的希望，直至燃烧掉所有的犹豫，余下的只有奔赴，奔赴最初的梦想，奔赴最终的目的地。

做事情，需要有使命感，而不只是为了赚钱。尤其企业的老板更是如此。

需要指出的是，交给的本质，不是倡导"卖命"和"愚忠"，而是一种呼唤放手一搏的精神。

放手一搏，代表了一种决心、一种意志、一种舍我其谁，不达目标誓不罢休的精神力量！古代战场上，大将出征前会立下军令状：若不能取胜，提头来见！这是因为失败的结局，对民族和国家来说，实在是太可怕、太惨重了。我们今天没有必要"提头来见"，但这种放手一搏的精神会带来极大的智慧和力量，让我们在困境中所向披靡。

贡献度决定地位和影响力

你敢于为了自己的理想和使命而贡献自己吗？

给予，有舍还希望有所得；交给，是希望成就更大的事业和最好的自己；而贡献，是无所求的付出。而生命的意义，恰恰在于有所贡献，哪怕贡献的仅仅是一点星火，也会闪烁。所以，优秀的企业家有一个共识，那就是企业大发展之后，要为人类社会发展做贡献，正所谓"取之于社会，用之于社会"。

著名经济学家成思危说："商人和企业家的区别在于，商人以获利为目的，千方百计追求利润最大化；企业家则有着强烈的使命感和责任感。企业家越有使命感、责任感，企业的发展越迅速。"

在被誉为优秀企业家摇篮的美国哈佛大学商学院，学生入学上的第一课就是商业伦理学。商业伦理学主要围绕"企业为什么要讲道德"和"企业如何讲道德"这两个问题来进行讨论，实际上，这就是在说明一个核心观点：企业家是要有道德感的，企业家不能只看利润，还要为社会做贡献。

商业伦理学是哈佛商学院的第一课，也是这些未来企业家从哈佛课堂上学到的最重要的一课，即今后如何出色地服务和回报社会。可以说，企业和企业家的社会影响力来自贡献和回馈。

2008年，一记惊雷平地起，汶川地震让我心中掩藏了多年的梦想再一次被唤醒，我立志用毕生的时间和精力捐建101所希望小学。

2008年，伴随这一伟大梦想，我选择了创业，我携手4位有识之士创办上海巨海企业管理顾问有限公司。至此，便踏上了"帮助企业成长，成就同人梦想"之路，踏上了"捐建101所希望小学"之路。

2010年，我代表巨海集团携手百圆裤业对西昌市兴胜乡中心小学进行捐赠签约，巨海第一所希望小学拔地而起。

当时，在接受采访时，我说："我是西昌人，是从大山里走出去的。西昌市兴胜乡中心小学是我们巨海集团在凉山州捐建的第一所希望小学，我们的目标是要捐建101所巨海希望小学，成就更多人的梦想，计划在凉山州捐建5所巨海希望小学，希望我们献出的每一份爱心，都能为这些农村孩子点燃一点希望。"

时间飞驰，巨海101所希望小学的梦想仍在践行，我正带领巨海同人以及全国各地充满大爱的企业家，迈着坚定不移的步伐朝着梦想前进。我时常说："梦想是人飞翔的翅膀，梦在心中，路便在脚下，只要有梦想，就不怕路远。"

在这些年捐建希望小学的过程中，无数次，我收到来自各个地方的感谢。我常常对巨海的员工说："其实，我应该感谢他们，因为如果没有他们的需要，就没有我们存在的价值。"

一个人的贡献度决定了他的地位，一个人的贡献度决定了他的影响力，一个人的贡献度更决定了他的能量。

2019年9月10日，在阿里巴巴集团成立20周年之际，马云正式宣布卸任阿里巴巴集团董事局主席。阿里巴巴集团原首席运营官张勇接任，担任阿里巴巴集团董事局主席兼CEO。

马云卸任事件引发了极大的关注，有网友就说："我终于可以硬气地说一句'我不欠马云钱了'。"我只想说，网友们想得还是太简单了，马云虽然离开了，可阿里巴巴仍然有着马云留下的很深的烙印，这不仅因为马云拥有阿里巴巴6.2%的股份，更因为马云对阿里巴巴的贡献度。

阿里巴巴是从马云家的客厅里成长起来的，不管马云在不在公司上班，公司从文化到体制，到处都能看到马云的影子。在马云的带领下，阿里巴巴搭建了一个让全球中小企业腾飞的平台，千千万万个中小企业主心目中马云的影子，也不是说抹去就能抹去的。

马云很好地践行了这句话：一个人对企业的贡献度决定了他在企业中的影响力，一个人对社会的贡献度决定了他在社会上的影响力。未来，马云的规划是："我想回归教育，做我热爱的事情会让我无比兴奋和幸福。"

马云将工作重点放在了教育上，这又是一个利国利民的好方向，可以想象，他在阿里巴巴、在社会上的影响力只会越来越大。

老板对员工最大的贡献，就是成为员工的榜样，用老板的精神，为员工的生命铸魂。员工对公司最大的贡献，就是把自己练成独当一面、独立自主的人，以担当大任。

心中有梦，就有了诗与远方

纪伯伦说："一个伟大的人有两颗心，一颗心流血，一颗心宽容。"所谓宽容，显示的是一个人的度量，伟大的人必然是"意志坚如铁，度量大似海"。

做人要有一颗宽容的心，这颗心的容量要大。心的容量有多大，人生的成就就有多大；心的容量有多大，散发出的能量就有多大。

心量决定格局，格局决定能量。长江不择细流，故能浩荡万里；大海容纳百川，方可波澜壮阔。

法国作家雨果说："世界上最宽阔的是海洋，比海洋更宽阔的是天空，比天空更宽阔的是人的胸怀。"所谓"海纳百川，有容乃大""宰相肚里能撑船"，说的就是一个人心量的宽广。

什么东西能让人的心胸宽广呢？梦想即为其一。什么样的人才会斤斤计较、心胸狭隘呢？没有梦想的人。心中有梦的人不纠结、不计较眼前的得失，他们有自己坚持的信念，始终迈着坚定的步伐，不和比自己差的人计较，向比自己优秀的人学习。心中有梦，自有一片更广阔的天空任自己翱翔。是梦想，让人忘记眼前的苟且，义无反顾奔着诗与远方而去。

梦想能让人充满力量!

2016年秋天，一本诗集意外冲进了日本年度畅销书籍排行榜前10名。要知道日本的诗歌书籍印量很小，一般只印几百本，而这本诗集的当年销量就超过150万册，这本诗集的名字叫《别灰心》，作者是柴内丰，一个98岁的老人。

老人是一个一路逐梦的人，五六十岁时，她爱上了舞蹈，舞蹈让她有了健康的身体。92岁时，她跳舞扭伤了腰，就开始写诗，这是她儿时的梦想。她不停地写，不停地在报刊上投稿。6年后，她的第一本诗集《别灰心》出版，当即创造了日本诗歌书籍出版的"神话"。

外界评论她，说她快乐地写诗，她的诗歌都充满了激情。2018年，她出版了第二本诗集《百岁》。记者问她，你没有意识到自己100岁了。她开玩笑地说："写诗时没有在意自己的年龄。看到写好的书，才知道自己已经100岁了。"

生活中，很多人的日子过得黯然无光，而柴内丰老人在92岁高龄时开始写诗，她的生命绽放着耀眼的光芒，还爆发出了强大的能量，其根本原因就是她的心中有梦。

平凡如陈胜却有鸿鹄之志，与吴广发动农民起义，建立了中国历史上第一个农民政权。"为中华之崛起而读书"的响亮誓言，激励着周总理为之奋斗一生。他们心中都有梦想。

古往今来，领袖们心中大多有着大梦想。这种大梦想会赋予他们一种力量，让他们吸引到各种人才的关注、信赖、跟随。

乔布斯在做苹果公司之初，遇到了一个难题：他是一个技术天才，但并不擅长营销，这成了苹果公司发展的致命短板。为了改变苹果公司的营销体系，乔布斯去挖百事公司的总裁约翰·斯卡利，可约翰·斯卡利并没有挑上作的打算。

这时，乔布斯问了约翰·斯卡利一个问题："你是打算后半辈子继续卖糖水，还是跟着我一块去改变世界？"乔布斯给约翰·斯卡利勾画了一个美好的梦想——"去改变世界"。就是因为这句话，约翰·斯卡利决定加入苹果公司，这才有了后来苹果公司的腾飞。

作为老板，个子可以比员工矮，相貌可以比员工丑，学历可以比员工低，但是梦想绝对不能比员工小。老板不仅自己要有伟大的梦想，还要为每一个员工造一个色彩斑斓的梦。

一个企业最理想的状态是，老板身上散发出巨大的感召力，他为大家编织了一个名字叫梦想的东西，这个美好的梦想吸引了无数顶尖人才，大家像信徒一样追随这个梦想："我会以我的职业生涯作赌注，一心一意为我们的梦想奋斗。"一起向着梦想的方向努力，最终梦想成了现实。

有时候，比起实实在在的金钱，看似虚无缥缈的梦想更有能量和效果。兜里没钱的时候，梦想会给人底气。

梦想这种东西，谁都曾有，但真正坚持下去的人太少。就像马云说的："很多年轻人是晚上想千条路，早上起来走原路。"普通人不敢为梦想努力的主要原因是怕担风险。在此，我要分享给大家一句话："所有为梦想付出的代价，都不能被称为代价。因为我要，因为我愿意！"

当我踏进教育培训行业之时，我便在心里决定要将此作为我终身去经营的事业。于是，一路风雨，一路艰辛，从免费演讲，到创办公司，再到加入当时企业培训行业声名煊赫的聚成企业管理顾问有限公司，我慢慢地从一个名不见经传的培训师蜕变成舞台上一颗耀眼的演讲新星，从这个讲台到那个讲台，接受着聚光灯下的荣誉、鲜花和掌声。在这个过程中，我有时候会感到累，但更多时候感到的是开心，这就是心中有梦的力量。

心存敬畏，最终必将无所畏惧

在日本企业界有"经营四圣"的说法，他们分别是：松下公司的创始人松下幸之助、索尼公司的创始人盛田昭夫、本田公司的创始人本田宗一郎和京瓷公司的创始人稻盛和夫。稻盛和夫和其他三位不同的是，他创办了两家世界500强公司。27岁创办京都陶瓷株式会社（现名"京瓷"），52岁创办第二电信（原名DDI，现名KDDI，是日本仅次于NTT的第二大通信公司）。

稻盛和夫将"敬天爱人"视作一生信奉的经营哲学。1997年，稻盛和夫患了肺癌。他退居二线，放空了自己，写出了他的第一本书《敬天爱人》，"敬天爱人"这个概念由此广为流行。

稻盛先生所指的"敬天"，就是说企业的经营要尊重世界上普通的公理，而"爱人"则是做企业时的利他之心，对员工、对社会的忘我投入，反而会让企业获得更多。

由于缺乏敬畏之心和对人的关爱之情，长寿企业很少。这就是稻盛和夫"敬天爱人"哲学在商界备受欢迎的根本原因。

敬畏之心，亦能让人的心量宽大。很多人会觉得这有点儿"悖论"：一个人充满畏惧，怎么还会心量宽大呢？这是对"敬畏"二字有误解。敬为尊敬，畏为畏惧，合在一起是因尊敬而畏惧。

南宋学者朱熹曾说："君子之心，常存敬畏。"明代大儒吕坤在《呻吟语》中说："畏则不敢肆而德以成，无畏则从其所欲而及于祸。"心存敬畏，行有所止。一个人只有心存敬畏，才能有如履薄冰的谨慎态度，在行为上有所禁止。相反，人如果没有敬畏之心，便会变得无所顾忌、为所欲为。

关于敬畏什么，曾国藩说过，人要常怀敬畏之心，畏天命、畏人言、畏君父。

畏天命，就是相信一切都是最好的安排。不是自己的，不可强求；是自己的，跑也跑不掉，自然规律本来就非人力所能对抗。

所谓"人言可畏"，流言蜚语是很可怕的，给别人留下话柄，名声必然受损。曾国藩提出了避免"人言"的好办法："不贪财，不失信，不自是，有此三省，自然人皆敬重。"加强自身道德修养，少做错事，少说错话，让别人抓不住把柄，也就没有那些流言蜚语了。

为何要"畏君父"呢？一代英雄项羽杀掉楚怀王熊心，招致天下人共同讨伐。刘邦抓住项羽不懂得敬畏君父的缺点，用不忠不义的"帽子"让项羽处于道德舆论下风，最后一步步瓦解了项羽的楚军阵营。

顺应"天道"，避免"人言"，一个人做到了这些，必然会成为一个口碑很好的人，愿意追随之、与之合作的人自然会越来越多。企业家心存敬畏，给人的印象就是做人有底线、做事有分寸，是知道什么该做、什么不该做，是个懂得适可而止的智者。

对此，海尔集团创始人张瑞敏深有体会，他说："一个企业如果没有对市场、对用户的敬畏，没有真正地说'我就是在创造用户价值'，只是为了利润，那么这个企业做不下去。"

海尔集团自成立之日起就一直保持着"战战兢兢、如履薄冰"的敬畏，它敬畏用户价值，敬畏质量把关，敬畏变革和创新。

也正是因为如此，1985年，张瑞敏才会怒砸76台次品冰箱，进而狠抓质量管理；也正是因为如此，多年以来，张瑞敏都与西方的一些著名的商学院教授进行思想碰撞，从他们身上汲取智慧，然后结合经营实际做总结、归纳；也正是因为如此，海尔2009年超越了世界家电巨头惠而浦和LG，一跃成为全球白色家电第一品牌，2014年成为中国首家年营收突破2000亿元的家电公司。

心存敬畏的人，最终必将无所畏惧。

心怀感恩，越感恩，越强大

前面讲了，充满能量的人必然心量宽大、胸怀天下。要想做到这一点，第一，我们要有远大的理想；第二，我们要心怀敬畏。除了这两点，还有一点很重要，那就是心怀感恩。

看过电视剧《康熙王朝》的，应该都记得康熙帝为庆贺自己的70岁生日举行了"千叟宴"。宴会上，康熙敬了三碗酒。

第一碗酒，他说："这第一碗酒，朕要敬给太皇太后孝庄，敬给列祖列宗的在天之灵。朕八岁丧父，九岁丧母，是孝庄太后带着朕，冲破艰难险阻，才有今天的大清盛世。"

第二碗酒，他说："朕要敬给列位臣工，敬给天下子民，敬给今天赴宴的老同年们，六十年来是你们辅佐朕，保国平安。你们俯首农桑，使得大清百业兴旺。君、臣、民三者同德呀，没有你们，便没有今日的大清。朕在这儿谢谢你们啦！"

第三碗酒，他说："这第三碗酒，朕要敬给朕的死敌们。鳌拜、吴三桂、郑经、噶尔丹，还有那个朱三太子，他们都是英雄豪杰啊，他们造就了朕，他们逼着朕，立下了这丰功伟业。朕恨他们，也敬他们。"

康熙的酒，凝聚了60年的风风雨雨，是他统治江山、历经政治磨难后有感而发。前两杯酒敬得毋庸置疑，但第三杯酒，给了大家深刻的启示。我们不仅要感恩那些在生命中温暖我们、帮助我们的人，也要感恩伤害我们、打击我们，与我们为敌的人。因为每一个人的出现，每一件事情的发生，都有其因果，皆有助于我们。

俞敏洪在创办新东方学校之初，在自家课堂开课的时候，隔壁培训学校的人跑到自己教室外发宣传单。面对这种到自己地盘抢生意的行为，一般人估计得气炸了，但是俞敏洪从不计较，只管教自己的课。

直到有一天，隔壁培训学校的校长突然找到俞敏洪，提出把自己所有的学生都转给新东方学校。俞敏洪连忙细问缘由，原来那家培训学校仅有的4位老师同时要求加薪，校长不同意，4位老师就说要一起辞职。校长觉得自己很憋屈，想把培训学校里400个学生全部转给新东方，自己也不干了。

此时，俞敏洪做出了常人所不能的举动，他建议老对手："你请那4个老师回来吧。你告诉他们，如果他们愿意回来，你就给他们跟新东方老师一样的工资待遇；如果他们不回来，新东方就调4位老师给你们，直到你们找到老师为止。"

面对如此大度的俞敏洪，昔日的对手百感交集。从此，两家的关系再也不像以前那样僵持着。谁在新东方门口发小广告，这位竞争者还会主动帮忙驱赶。

大自然的法则就是"物竞天择，适者生存"。没有天敌的动物往往最先灭绝，有天敌的动物则会逐步繁衍壮大。同理，只有有了对手，才能使我们拥有更强大的动力，才能激励我们赢得更大的成功。所以，没有必要总是敌视对手、排斥对手、针尖对麦芒。

在仇视中只会彼此消耗精力，在感恩中反而能彼此成就，发展得更好。古罗马诗人奥维德说："一匹马如果没有被另一匹马紧紧追赶并要超过它，就永远不会疾驰飞奔。"长远看，是对手让我们走得更远。对竞争对手心存感恩者，必将"笑到最后"。

走进圈层，扩大自己的接触面

接下来我要着重讲一下如何结交"贵人"。

犹太经典《塔木德》里有句话：和狼生活在一起，你只能学会嗥叫。《富爸爸穷爸爸》系列书的创作者罗伯特·清崎则尖锐地指出："你的收入将是离你最近的5个人的平均值。"

你的能力、你的眼界、你的心胸、你的创造力、你的未来发展在很大程度上取决于你身边的朋友。人是一种群居动物，和哪些人产生关系，便很容易被这些人感染。你是一个怎样的人，很大程度上取决于你所结交的人是怎样，取决于与你有关系的人是怎样的。

你和什么样的人接触，你的人生就会向着什么样的方向发展。和有正能量的人在一起，你便浑身充满正能量；和勤奋的人在一起，你就很难懒惰起来；与聪明的人同行，你不会愚笨；与高人为伍，你才能登上巅峰。

所以，当今社会，无数人感叹：一个人的高度是由他所在的圈子的高度来决定的。当你身边的人都是亿万富翁的时候，你们每天讨论的就是商机，你们交流的内容就是共同投资、相互持股，你怎么可能成为穷人呢？

血脉是一个人的生理生命，人脉是一个人的社会生命。根据辞典里的说法，人脉的解释为"人各方面的社会关系"，这个词经常被用于商业领域，但其实不论做什么行业，都要会使用人脉。因为，无论你从事什么职业，掌握并拥有丰厚的人脉资源，你就成功了一半。

"一个篱笆三个桩，一个好汉三个帮"和"一人成木，二人成林，三人成森林"，都是说，要想做成大事，必定要有做成大事的人脉网络和人脉支持系统。诚如世界人际关系专家卡耐基所言：成功来自85%的人脉关系，15%的专业知识。

很多人只知道比尔·盖茨成名是因为他的智慧和执着。其实比尔·盖茨之所以成功，还有一个重要的原因，就是他的人脉资源相当丰富。比尔·盖茨创立微软公司的时候，只是一个无名小卒，但在他25岁的时候，却签到了一份来自IBM的大单。

他是怎么钓到这么大的"鲸鱼"的？原来，比尔·盖茨的母亲玛丽·盖茨曾任美国某非营利性组织的主席，而当时的IBM总裁也是该组织的成员之一。

我们没有人脉关系强悍的父母，是不是就没法构建人脉网了呢？当然不是。

有一个发生在美国的真实故事。

一个风雨交加的夜晚，一对老夫妇走进一家旅馆的大厅，想要投宿。

饭店的服务生无奈地说："十分抱歉，今天的房间已经被早上来开会的团体订满了。若是在平常，我会送二位到其他的旅馆，可是那样的话，你们将再一次置身于风雨中，你们何不待在我的房间呢？它虽然不是豪华的套房，但是还蛮干净的，因为我必须值班，我可以待在办公室休息。"

这位年轻人很诚恳地提出这个建议。

老夫妇大方地接受了他的建议，并为给他造成不便致歉。

隔天雨过天晴，老先生要前去结账时，柜台前仍是昨晚的那位服务生，这位服务生亲切地表示："昨天您住的房间并不是饭店的客房，所以我们不会收您的钱，希望您与夫人昨晚睡得安稳！"

老先生点头称赞："你是每个旅馆老板都梦寐以求的员工，或许改天我可以帮你盖栋旅馆。"

几年后，那位服务生收到一位先生寄来的挂号信，信中说了那个风雨交加的夜晚所发生的事，随信还附赠了一张邀请函和往返纽约的机票，邀请他到纽约一游。

在抵达曼哈顿几天后，那位服务生在一个路口见到了寄信来的那位老先生，这个路口矗立着一栋华丽的新大楼，老先生说："这是我为你盖的旅馆，希望你来为我经营，好吗？"

这位服务生惊奇莫名，说话突然变得结结巴巴："您是不是有什么条件？您为什么选择我呢？您到底是谁？"

"我叫威廉·华尔道夫·阿斯特，我没有任何条件，我说过，你正是我梦寐以求的员工。"

这旅馆就是纽约知名的华尔道夫饭店，这家饭店是纽约极致尊荣的地位象征，也是各国的高层政要造访纽约时下榻的首选。

当时接下这份工作的服务生就是乔治·波特，一位奠定华尔道夫世纪地位的推手。

"只有优秀的人，才拥有有效的人脉"，在《把时间当朋友》一书中，李笑来指出，出身和运气是无法选择的，但一个人的才华和学识是通过努力必然获得的东西。如果你通过努力成为优秀的人，那么就会有别的优秀的人愿意为你提供帮助。这种像市场交换的"等价原则"，听起来残酷，却是人脉的本质所在。

人脉的关键是双赢，是一种需要与被需要的平衡。你有机会进入一个圈子，如果你没有任何"被需要的价值"，只会是这个圈子里的旁观者和边缘人，并不会从中受益。真正的人脉，是要大家能够互利互惠。如果你的存在对别人没有任何帮助，就算你掌握了对方再多的联系方式，也毫无价值。

85岁的屠呦呦在发表诺贝尔奖获奖感言时说：不要去追一匹马，用追马的时间种草，待到春暖花开时，就会有一批骏马任你挑选；不要去刻意巴结一个人，用暂时没有朋友的时间，去提升自己的能力，待到时机成熟时，就会有一批朋友与你同行。用人情做出来的朋友只是暂时的，用人格吸引来的朋友才是长久的。所以，丰富自己比取悦他人更有力量。

据传，小米创始人雷军在创办小米之前，做了一段时间的天使投资人，每天拿着钱袋子给人"送钱"，他"送钱"的原则是："人靠谱比什么都重要。"物以类聚，人以群分，靠谱更容易赢得贵人。一般来说，贵人最青睐哪种人？

有发展潜力的人。"烂泥扶不上墙"的那种人，别人去帮他，最后只能落得两败俱伤，所以贵人只会选择帮助那些在自己的帮助下能成长起来的人。换句话说，要想获得贵人相助，首先自己必须值钱。

有感恩心的人。五千年的中华文化告诉我们，厚德才能载物，一切财富、名誉、地位，都是表象，德行才是根本，因此，靠谱的第一原则是有感恩的心。感恩心强的人，会使贵人感到现在帮助他，以后他会帮助更多的人。而当一个人不懂得感恩，把所有对他的帮助都认为是理所当然，这样的人，没人愿意去帮助他。

充满正能量的人。假定你是一个牢骚满腹、思维负面、抱怨不停的人，别说是贵人了，有点理智的人都会对你敬而远之；相反，胸怀宽广、热爱工作、热爱生活、充满斗志的人，很容易得到大家的赏识，贵人更喜欢帮助这种人。

行动力强的人。所谓行动力强就是一有想法很快就付出行动，而不是左思右想、瞻前顾后，这类人事业容易成功，也容易获得贵人青睐。

创新能力强的人。这是一个崇尚创新的时代，墨守成规者的生存空间越来越有限，而创新能力强意味着解决问题的能力强，办法多、不怕困难、肯钻研，这种人容易引起贵人的兴趣。

人脉资源不在别人的身上，而在自己身上，唯有让自己变得强大，你才能获得有用的人脉！把那些挖空心思巴结别人的时间用在一步步地充实自己上，那些你想要的，终会来到你的身边。

认识一个人，推开一扇门。走进一个贵人的世界里，你就走进了一个强大的正能量磁场。与高人为伍，你就会正能量满满，这样的你必定会出类拔萃。

生命就是关系，关系是互动的结果

很多人通过各种途径好不容易进入一个圈子，结果发现，并没有什么用。"人脉广，没朋友。"认识再多的人，也不见得关键时候有用。问题出在哪儿呢？

关系是互动的结果，互动的频率决定了关系的深浅。

我们团队里有一个同事小刘，大学毕业后，他就跟大学同寝室的同学断了联系。前几年，他买房的时候需要筹钱，想到了"曾经睡在上铺的兄弟们"，于是，一个个打电话过去，结果，吃了一个又一个闭门羹，大家一个赛一个地"比穷"。

最后，曾经的至交说了真话："我相信你是讲信用的人，借了肯定会还，可这么久不联系了，我不相信你的老婆，不相信你的工作，不相信断了联系的这段时间。"

赢得别人伸手帮忙，是建立在情分的基础上，情分变成生分了，没人会愿意免费帮你的忙。人脉经营最容不得"临时抱佛脚"，遇到困难之前，和这个不熟，和那个不好；需要帮忙的时候，看着谁都是好朋友，结果却是"打自己的脸"。

相信很多人有不少微信群，但一多半微信群设置成了消息免打扰模式——碍于面子，不好意思退群，只好对互动少的群采取屏蔽措施。我们对待微信群的做法，其实和对待真实的社交圈子类似。没有参与欲望、互动不起来的圈子，就像鸡肋，食之无味，弃之可惜。

貌合神离的关系，比没有关系还要让人难受。分开的沙子和水泥，比比皆是，不足为奇，但它们混在一起就是混凝土；大米和汽油与我们的生活息息相关，可谓弥足珍贵，但它们混在一起就成了一堆废物。可见，你和谁混在一起很重要。

人际关系是把梯子。扶的人越多，人际关系就越雄厚；扶的人越少，人际关系就越薄弱。想让你的关系变得有用，请增强它的黏性，保持多互动。

我的朋友李曼是朋友圈里公认的"傻子"：朋友家孩子家长会没人参加，她去参加；朋友生病了，她忙前忙后地打点伺候……当别人调侃她"傻"的时候，她总是乐呵呵的："在我能力范围内的，能帮就帮，大家都是朋友啊。"

后来，李曼开了一家饭店，生意出奇地好，她没有多说，朋友还有朋友的朋友都上门了，为什么？朋友们说："李曼是真正的朋友，反正都是花钱，当然肥水不流外人田。"

人脉关系就像是一座花园，翻好了土并且播好了种子之后，我们就会有所收获。不过，我们日后要花时间对它不断地进行维护，否则这座花园就会枯萎。

小人把平台当本事，君子把平台当舞台

如果职场人生是一出大戏，那么老板便是导演，员工便是演员，公司便是舞台。无论是导演还是演员都无法抛下舞台，上演一场饕餮盛宴。所以，一个企业的领袖，不但要成为一个导演，更要成为一个平台的构建者。

一个脱离了平台的人，能展现给他人的便只有自身的长短。一个离开了平台的人，也许会发现自己什么都不是。

主持人窦文涛，曾在节目中说过这样一段话："我的朋友99%都比我有钱。天天和这些有钱人在一起，以至于我以为他们买的东西，好像也是我生活的一部分。总和有钱人在一起，听他们聊着几十亿、上百亿元的生意，好像自己也有钱了似的。"

这段话说出了很多职场人的心声，在一个很牛的平台上待久了，很多人会产生一种错觉，觉得自己是人中"大牛"，可等到他们亲身经历辞职、被裁员、退休或者公司倒闭的时候，会发现原来自己什么都不是。

我曾经听过这样一个故事：一天，僧人带着一头驴下山去驮东西，在返回寺院的路上，发生了一件奇怪的事儿，行人看到驴时，都虔诚地跪在两旁，对它顶礼膜拜。驴不禁飘飘然起来，心想，原来人们如此崇拜自己。

后来，驴子独自下山，它看见一伙人敲锣打鼓迎面而来，心想这些人一定是在欢迎自己，就大摇大摆地站在马路中间。那是一队迎亲的队伍，人们

见一头驴拦住了他们的去路，愤怒不已，棍棒相加抽打它……

驴仓皇逃回到寺里，奄奄一息，它愤愤不平地告诉僧人："人性真是多变啊，第一次下山时，人们对我顶礼膜拜，今天他们竟对我狠下毒手……"僧人叹息一声说："那天，人们跪拜的是你背上驮的佛像，不是你啊！"

平台之于个人意味着什么呢？平台为个人展现才能提供了必备的舞台，这个舞台，不只是简单的"台"，还有许多配套资源，个体在平台上展现能力，平台借助许多个体创造价值。

人生最大的不幸，就是不认识自己。离开平台，才发现其实自己什么都不是。

所以，当我们想离开一个平台的时候，不妨问自己这样几个问题：

（1）如果现在离开，有客户会为你埋单吗？

（2）如果现在离开，你有能力跟老板平等对话吗？

（3）如果现在离开，你能立刻拥有一个旗鼓相当的新平台吗？

如果答案都是肯定的，那么说明你是有影响力和优势的，你已经具备了强大的能量。如果答案都是否定的，或许你该考虑继续留下来。

平台于人而言，是眺望的高地，是翱翔的蓝天，是远行的列车，亦是渡河的帆船。就像《荀子》首篇《劝学》中所写的："登高而招，臂非加长也，而见者远；顺风而呼，声非加疾也，而闻者彰。假舆马者，非利足也，而致千里；假舟楫者，非能水也，而绝江河。君子生非异也，善假于物也。"

平台是个人腾飞的有力推手，因此，在面对平台时，我们无论身兼何职，都要懂得尊重平台，懂得个体利益源于平台利益的道理，要始终保证平台利益高于个体利益，不要因为一己私利，置平台利益于不顾。这样，平台的能量就能最大化地转化成个体的能量。

持续不断地发表公众演说

持续不断地发表公众演说，是引爆个人能量的重要途径。

一个能站在台上侃侃而谈、发表公众演说的人，一定是一个充满自信、充满正能量的人。纵览古今，无论是在商界还是政界，每一位成功人士都充满了正能量，而他们又都是公众演说的高手。

众所周知，柳传志的个人财富在 IT 业界并不多，然而，他却是商界公认的"教父"。柳传志的影响力并不在于他有多少钱，而在于他是一个企业的精神领袖、一个时代的象征。柳传志是一个传奇。这个传奇的意义，不仅仅在于他领导联想由只有 11 个人和 20 万元资金的小公司成长为中国最大的计算机公司，更重要的是，他的精神激励着联想上上下下的员工，他的每一次演说，激励了无数创业路上的年轻人。

说到底，企业的根本是人。然而，传统的管理是着重于管事的，这种做法完全是舍本逐末。作为一名企业家，不单单要成为一名埋头拉车的老板，更应像政界领袖一般，成为一名抬头讲话的导师、教练，甚至精神领袖。

一个不善教导的企业家，自然不善领导员工。要成为一个好领导，首先要成为一名善于教导的好教练。如何成为一名好教练？我的答案是，管理者要持续不断地发表公众演说，要把自己的所思、所想、所感传播出去。

公众演说中蕴含着能量,这在美国总统选举中表现得最为突出。

贝拉克·侯赛因·奥巴马原本是一个默默无闻的州议员,自从在2004年的民主党党代会上发表演讲后,便变身为受人关注的政坛黑马。从一个小参议员到决定参选,从名不见经传再到最后竞选成功。奥巴马通过一次次激动人心的演讲点燃了数百万支持者心中的热情,他杰出的沟通技巧为他成功击败强劲的竞选对手、赢得美国民主党总统候选人提名并最终当选美国历史上第一位非洲裔总统提供了最重要的助力。

他的演讲气势磅礴,很具感染力,在这里我给大家分享几段:

> 我会是这样一位总统:让每个人都能看上病和看得起病。我在伊利诺伊州就通过民主党人和共和党人的携手合作实现了这一目标。
>
> 我会是这样一位总统:让农场主、科学家和企业家发挥他们的创造力,使我们国家一劳永逸地摆脱石油的主宰。
>
> 最后,我会是这样一位总统:我要结束伊拉克战争并让我们的士兵回家;我要恢复我们的道德地位;我知道"9·11"不是骗取选票的借口,而是使美国和世界联合起来应对21世纪这个世界面临的共同威胁:恐怖主义和核扩散,全球变暖和贫困,种族屠杀和疾病。
>
> 无论何处冷嘲热讽、疑虑重重,无论何人断言我们做不到,我们都将怀着凝聚了整个民族精神的永恒信念回答:是的,我们可以!

奥巴马的精彩演讲不但打动了美国人民,还感染了许多其他国家的民众。媒体一致认为奥巴马是继林肯之后口才最好的美国总统,优秀的公众演说能力帮助他赢得了大选。

领导者的魅力在于，不仅能在行动中教育员工，还能通过公众演说教育员工，以精彩的演说振奋员工的精神，提振员工的士气，凝聚员工的忠心。

持续不断地自我超越

"自我超越"一词是由维克多·弗兰克提出的一个概念，他认为人真正追求的不是自我实现而是超越自我的意义。这种追求包含了对自然界、人类社会和文化，以及人在其中所处位置的探索和理解，是为了更好地把握人生，更有意义地去生活。

一个人只有在生命中不断地自我超越，才能越来越清晰地认识自我，才能凝聚更多的能量。而领袖立于不败之地的唯一秘诀就是持续不断地自我超越。没有一个优秀的人愿意一直跟随一个原地踏步的老板。有智慧的人懂得用自己成长的速度，来震撼所遇到的每一个人。

我很喜欢的一位主持人叫孟非，在我心中，他便是一位有不断自我超越精神的人。

1990年高考，孟非的语文成绩仅次于江苏省文科状元，可数、理、化三科总成绩却不足100分。落榜后，孟非想复读，却没有学校接收他。他辗转听说南京一家报纸印刷厂招工人，立刻跑去报了名。

1991年12月，孟非成了一名印刷小工。印刷厂每周印400万份报纸，机器从周二到周四不断工作，而操作者只有孟非和另外3名小工。孟非每10个小时才能休息1个小时。这样的工作强度跟打仗没什么区别。

孟非曾在日记本中写道："我不能一辈子待在这个地方，想换好工作，就得有知识。"他选择通过自学参加成人高考。1992年9月，孟非报名进入南京师范大学中文系专科函授班。函授班针对社会在职人员招生，周六、周日上课。孟非十分珍惜这来之不易的学习机会，再忙再累，他都会按时听课。

因为工作学习"两头烧"，有一天，孟非在取报纸的时候手竟被机器卷压进去了。全厂一时惊慌，立刻停工。因为抢救及时，他的手总算保住了，但也丢掉了工作。为了生活，他开始不间断地打些短工：送水、拉广告、做保安……后来听一个朋友说开家超市挺挣钱的，孟非就到处借钱，开起了小型超市。但由于对这一领域并不熟悉，小超市最终还是于1994年初被迫关门。

1994年7月，孟非通过两年的函授班学习，拿到了南京师范大学中文系专科文凭。8月，孟非从报纸上看到一则消息：江苏电视台文艺部体育组要一名接待员。孟非果断报了名，身体强壮能吃苦的他很快被录用了，从此成了电视台里的一名临时工。在打杂一年后，24岁的孟非再次困惑了：难道我这辈子只能打杂吗？我要做一名记者！

随后的日子里，孟非变得更加积极主动，他要抓住每一次发展的机会。他每天早早来到台里，利用帮记者们打扫卫生的机会熟悉记者的工作流程。有些老记者出去采访时需要带一个扛摄像机的人，孟非总是抢着帮忙。

出去的时候，他要么偷学采访技巧，要么偷学摄像技术。渐渐地，有些小新闻，老记者看不上眼就交给孟非，做好后加上老记者的名字就成了。每次有这样的事情，孟非总是非常高兴，当成头等大事来做。积少成多，孟非的名字在电视上出现次数多到引起了领导的注意。于是，孟非被允许跑新闻了。

从此，他每天透支体力拼命赶做节目，通宵熬夜更是常事。自己拍片子，自己剪辑，自己写稿，甚至自己配音，孟非的能力越来越强。1996年8月，孟非作为总摄影师参与拍摄了26集某专题片。孟非抓住这次放光的机会，把专题片送上领奖台。

接下来，孟非在做记者的同时也做起了编导工作。1998年春节过后，由于长期劳累，孟非的头发开始大把掉落，他索性剃成了光头。从此，光头形象就没再变过了。

2002年1月，孟非之前积攒的实力为他赢得了机会，他成功当上了《南京零距离》的主持人。2004年初，孟非被评为年度"中国最新锐十大主持人"之一——这十大主持人中，除了孟非，全是央视名嘴。之后，2007年、2008年、2009年主持江苏卫视《绝对唱响》《名师高徒》等节目，2010年起主持的《非诚勿扰》让全国人民记住了他。

失败是什么？没有什么，只是更走近成功一步。成功是什么？就是走过了所有通向失败的路，只剩下一条路，那就是成功的路。所以，当我们不再止步于脚下的障碍，一步步地自我超越，成功自然就在眼前。

"人生中最大的敌人就是自己"，唯有自我超越方为正途。那么，如何实现持续不断的自我超越呢？我在授课过程中多次告诉企业家朋友，实现不断的自我超越，就是日日精进、夜夜沉思、天天反省，需要我们有追求、有格局，有足够的人生体验。

1. 追求

有追求，才会有人来追随。有追求的人，最有魅力。追求没了，一切都没了。追求是一个人进行自我教育的最初的动力，一个人唯有懂得自我教育，才能拥有完美的精神世界。

要传递给所有人一个印象：我是一个干大事的人，我是一个有追求的人，我是一个利他的人。

2. 格局

所谓"海纳百川，有容乃大"，心容天下，志在四方。一个人的格局决定了他的命运。一个领导人能够容下多少人，就能领导多少人；能够容下多大的事，就能成就多大的事。

3. 体验

人生就是一场体验的盛宴，生命就是体验的总和。所以，我经常对企业家学员们说："人生设计什么都不如设计体验，体验到的才是真实的！"

动作创造情绪，情绪引爆能量

一个昂首挺胸的人，一定是积极向上、挥斥方遒的人，也一定是意气风发的人。动作可以引发一个人的情绪，而情绪可以调动一个人的能量。能量隐藏在情绪中，高昂的情绪，自然有强大的能量；而情绪低沉，能量便是弱的。

在我的授课现场，为了让企业家学员们练好演讲，我会从三个方面引爆他们的情绪。

首先，每次开课前，我都会带着大家一起跳舞，目的是让他们将自己完全打开，让情绪达到巅峰状态。

其次，我会带领他们结合手势，打开肢体，一遍遍地进行演讲。为此我还创作了一个口诀：眼睛看，学一遍；耳朵听，学两遍；嘴巴讲，学三遍；动手试，学四遍；记笔记，学五遍；乐分享，学六遍。

最后，每次上台，我都要带领他们持续鼓掌一段时间，目的也是将他们的情绪引至巅峰状态。

不仅如此，每次上台之前我还会通过慢跑、做扩胸运动、打拳，让自己的情绪也达到巅峰状态。那是因为，你很快乐的时候，你的听众会被带入一个快乐的情绪氛围中；你很悲伤的时候，你的听众也会被你带入一个悲伤的情绪氛围中。

情绪是流动的能量，一个人的情绪由他关注的焦点、他的状态以及他所理解的意义组成。

1. 焦点

所谓焦点，即事情的关键，或争论的集中点，或人们的关注集中点所在。注意力等于事实，焦点等于感受。很多企业家，最初招聘一个员工时，看到的都是员工的优点，久而久之，他便开始挑剔员工身上的各处短板，从而忽略了他的优势。一个领导者要想发掘人才，就应该把人才的优势无限放大。

其实，天生我材必有用，在用人大师的眼里，一切人物皆是人才。正如武林高手，无须名贵的宝剑，摘花飞叶皆可伤人，关键看如何运用。每个人的潜能是无限的，一个人要发挥自己的专长，关键是要找到一个能充分发挥专长的舞台以及一个合适的环境。

2. 状态

一个人拥有怎样的状态，便拥有怎样的气场和能量。如何调整状态，拥有更大的能量？我说，心态决定状态。

一个人的状态由他的情绪所决定，何为情绪？情绪是心理学上的一种概念，概括了人们的心理感受，是人对客观事物的态度的一种反映。

那么，什么样的情绪，才是最好的呢？宁静、快乐、喜悦、热情、感动……企业家学员们各抒己见，争执不下。

晋商有言："独处时要超然物外，处事时要雷厉风行，无事时要语默沉静，和人相处时要和蔼可亲……"

情绪最好的状态既不是平静、感动，也不是快乐，而是四个字：自由驰骋！

3. 意义

前段时间，网络上流传着一篇文章，叫《一切都是最好的安排》，文中有这样一个故事：

一天，国王到森林里打猎，一箭射倒一头花豹。国王下马检视花豹。谁想到，花豹使出最后的力气，扑向国王，将国王的小指咬掉一截。

国王叫丞相来饮酒解愁，谁知丞相却微笑着说："大王啊，想开一点，一切都是最好的安排！"国王听了很愤怒："如果寡人把你关进监狱，这也是最好的安排？"丞相微笑说："如果是这样，我也深信这是最好的安排。"国王大怒，派人将丞相押入监狱。

一个月后，国王养好伤，独自出游。他来到一处偏远的山林，忽然从山上冲下一队原始人，把他五花大绑，带回了部落！这个原始部落每逢月圆之日就会下山寻找祭祀满月女神的祭品，原始人准备将国王烧死。

正当国王绝望之时，祭司忽然大惊失色，他发现国王的小指头少了小半截，是个并不完美的祭品，收到这样的祭品满月女神会发怒，于是原始人将国王放了。

国王欣喜若狂，回宫后叫人释放丞相，摆酒宴请，国王向丞相敬酒说："你说的真是一点也不错，果然，一切都是最好的安排！如果不是被花豹咬一口，今天连命都没了。"

国王忽然想到什么，问丞相："可是你无缘无故在监狱里蹲了一个多月，这又怎么说呢？"丞相慢条斯理地喝下一口酒，才说："如果我不是在监狱里，那么陪伴您出游的人一定是我，当原始人发现国王您不适合祭祀，那岂不是就轮到我了？"国王忍不住哈哈大笑，说："果然没错，一切都是最好的安排！"

事情没有好坏，一切都要看我们自己是如何定义的。

商 业 真 经

03

经营篇：
打造百年老店的秘密

    守业比创业更难。如何经营企业，值得企业家不遗余力地探索。

    经营的本质是超越。

    何谓超越？简单来说就是越来越好。经营人生，就是让自己的日子过得越来越好；经营婚姻，就是让一家子的日子过得越来越好；经营企业，就是让一群人的日子过得越来越好。

纵观历史发展，始终有一种智慧启迪世人，这便是经营的智慧！生活因为用心经营方可幸福美满，企业因为用心经营才能经久传承。

守业比创业更难，所以，我们都想知道百年老店传承的奥秘。物换星移，时代更迭，这些老店始终走在时代的前沿，为什么呢？因为这些老店经过近百年的积累与沉淀，形成了一套成熟的经营理念，生生不息地传承下去。

经营是一门高深的学问，需要企业家不遗余力地去研究和探索。

管理就是平衡，经营就是超越

我们通常把经营和管理连在一起，当作一回事，其实二者还是有区别的。经营是"以人为本"，管理是"以事为本"。经营包含了管理，管理要始终服务于经营，管理要基于经营的需要做出响应。

经营决定企业的生死，管理决定企业经营的好坏；经营的目的是提高效益，管理的目的是提高效率。对于中小企业而言，在创业或谋生存阶段，"经营"比"管理"更重要；而对于大型企业而言，管理就显得非常重要了，在某种程度上这个时候管理本身就等同于经营了。

先来说说管理。管理的本质是什么？是制衡。

拿中国古代的帝王举例吧。武则天从李氏手中夺得皇位，在压制李氏势力的同时不赶尽杀绝，在扶植武氏势力的过程中不让他们过度膨胀。武则天就是在这种势力的平衡中，统御天下，稳如泰山的。

康熙更是此中高手，利用索额图对付鳌拜，利用明珠牵制索额图，在牵制中达到权力的平衡，而自己坐收渔翁之利，成为中国历史上在位时间最长的皇帝。

老子说，天之道损有余而补不足。这句话揭示了一个道理：平衡才是完美的。学会制衡是领导者必备的一种能力。有能力有智慧的老板能够很好地驾驭各种斗争力量，平衡各种利益，维持住平衡，让人才都能发挥最大的能力,并且都能为自己所用。

有时候,为了维持住平衡,老板不惜人为制造竞争,以"乱"制衡。

管理学上有一个著名的"鲇鱼效应",讲的就是这个道理。活的沙丁鱼的售价要比死的高出若干倍,可沙丁鱼非常娇贵,当渔民们把刚捕捞上来的沙丁鱼放入鱼槽,用不了多久沙丁鱼就会死去。

后来渔民想出一个法子,将沙丁鱼的天敌鲇鱼放进鱼槽里。鲇鱼是食肉鱼,放进鱼槽后,鲇鱼便会四处游动寻找小鱼吃。为了躲避天敌的吞食,沙丁鱼会奋力加速游动,如此一来,一条条沙丁鱼就活蹦乱跳地回到了渔港。

企业资源是有限的,冲突不可避免。成熟的企业组织并不把冲突视为"瘟疫",而是把冲突看作加强组织凝聚力的机会。

管理大师杰克·韦尔奇曾说:"在管理团队中,成员们相互质疑对方的观点,有助于深化对问题的理解,创造更为丰富的备选方案,从而做出更好的决策。"良性竞争是一种平衡方式,在组织内部形成一种相互竞争的氛围,对提高团队战斗力有很好的促进作用。

孟子曰:"以德服人者,中心悦而诚服也。"企业管理者要平衡好各方面的关系,"以德服人"是非常必要的。所谓"以德服人",管理者首先需要用真诚来管理,员工之间、管理层与普通员工之间、管理层之间都能以诚相待,这个团队肯定会成为一个优秀的团队。

另外,管理者要真心地关怀下属,把下属视如自己的手足,关心他们的进步与退步,关心他们的喜乐与忧惧,关心他们的收获与困难,下属会加倍地给予回报。

企业经营的本质就是超越

说完管理，我们再来说说经营。

经营的本质是什么呢？经营就是超越。

何谓超越？简单来说就是越来越好。经营人生，就是让自己的日子过得越来越好；经营婚姻，就是让一家子的日子过得越来越好；经营企业，就是让一群人的日子过得越来越好。

1984年，年仅19岁的迈克尔·戴尔辍学创业。他说："在戴尔公司历史上，有8年的发展速度是80%，有6年的发展速度是60%。"

1998年8月8日，戴尔公司从改革开放的前沿阵地厦门起步，开启了在中国的精彩征程。

2001年，戴尔公司的外设事业部的销量增长了16%，比其他公司的增幅都大，但是这个事业部的总经理却被降职了，因为在迈克尔·戴尔看来，他做得仍然不够好。

2003年，戴尔公司的销售收入超过354亿美元。面对这一非凡业绩，迈克尔·戴尔并不满足，并立即宣布：2006年的销售收入将达到600亿美元，并且年增长率必须3倍于市场平均增长率。

更令人惊讶的是，据说戴尔公司规定员工完成任务指标后的庆贺不允许超过5秒钟，而且5个小时之内必须拿出新的更具挑战性的目标和计划。

这就是迈克尔·戴尔，永远把自己的目标定得更高，没有最好，只有更好，永远把自己置于一种不断追求卓越的状态。他把每一次任务都当作参加体育比赛，只有第一，没有第二。

迈克尔·戴尔为什么要求公司如此快速地增长呢？原因在于他知道自己公司没什么独特之处，既没有IBM那么悠久的历史，也没有惠普那么多优秀的科学家。但是戴尔公司可以做到一点：不断超越自己。最终，戴尔公司在个人计算机市场份额上，超过了IBM、惠普和康柏。

2015年，迈克尔·戴尔宣布"在中国，为中国"的在华4.0发展战略，提出到2020年，在中国市场投入1250亿美元，对中国进出口贡献1750亿美元，直接或间接提供100万个就业机会。

此后的5年里，戴尔（中国）的业务总额翻了一番，在电子产业出口、数字化转型、企业社会责任、"一带一路"倡议等方面发挥着积极的作用。根据公开数据显示，现在戴尔公司在中国创造的进出口总值，大约占中国电子信息行业进出口总值的3%。积极履行企业社会责任的戴尔公司，在中国建立了387个戴尔学习中心，特别关注对贫困地区青少年的计算机技能培训，已有将近35万学生受益。

一路走来，戴尔公司深刻诠释了中国精神当中"日拱一卒，功不唐捐"的道理，依靠勤奋努力和坚持不懈，每天都前进一步，终会有所成就。

在成功面前，我们最强的对手不一定是竞争对手，很可能是我们自己。在超越别人之前，先得超越自己。在不断超越自己的过程中，对手也就被超越了。企业家经营企业的重点就在于不断追问自己两个问题：（1）今天的我比昨天更优秀吗？（2）企业今年的业绩比去年更好了吗？

记住，每天进步一点点，就是在迈向成功。

拥有"一致性",才能获得权威

孔子说:"其言之不怍,则为之也难。"意思是说:如果说话大言不惭,那么要实现这些话就很困难了。不可随便开口说大话,出言须谨慎,要考虑清楚。而一旦做出承诺,就要言行合一,说到做到,否则将会失信于人,得不偿失。

魏文侯,是战国初期一位了不起的人物,他在百业待兴,各国萎靡不振的社会环境下,将魏国打造成了当时的第一大国,凭借的就是自己独特的领导力。关于魏文侯,有一个广为流传的故事。有一次,他与虞人约定,将于某一天一同去附近的一个山上打猎,不见不散。

约定的时日到了,那天,魏文侯正在宫里和几位大臣一同饮酒,欣赏歌舞,兴致正高时,天降大雨。文侯突然想起一起打猎的约定,忙命下人赶快为他准备马和弓箭,大臣们都劝说:"主公,如今突降大雨,即使您不去,虞人也说不出什么来。况且您是国君,他是臣下。您还是不要去了。"

魏文侯不听,执意要去。那边,虞人正在约定的地点等候,看到突然下起雨来,他想魏文侯肯定不会来了,于是也准备回去,可是就在他准备动身之时,他听到远处突然传来马蹄声,接着就看到魏文侯骑着马飞奔而来。虞人感动得热泪盈眶,赶忙上前给魏文侯行礼,对他说:"主公,下雨了,您不必来赴约啊。"魏文侯却说:"我和你约好的,即使下再大的雨我也要来啊，否则岂不将失信于你。"

魏文侯作为一国之君，什么事情全凭他一个人说了算，可是他并不倚仗自己的权力而随便失信于臣子，即使大雨如注也坚决赴约，这就是真正的"言行一致"。

企业能不能超越，关键在于执行力够不够；执行力够不够的关键，在于能否说到做到。

说出去的话等同于泼出去的水，覆水难收。俗话说，一言既出，驷马难追。对于许下的承诺，无论如何都要去兑现。日本经营之神松下幸之助特别重视"个人信用论"，他曾说："想要使部下相信自己，并非一朝一夕就能做到的。必须经过一段漫长的时间，兑现所承诺的每一件事，诚心诚意地做事，让人无可挑剔，才能慢慢地培养出信用。"

而管理学家华伦·本尼斯所做的一项研究发现，人们愿意追随他们可以信赖的人，即使这个人的意见与他们不合，也不愿去追随意见与他们相合但经常改变立场的人。

在言行一致方面，巨人集团的史玉柱绝对算得上是中国商界的标杆人物。

1997年，"巨人大厦"烂尾，史玉柱欠债2.5亿元，人生陷入最低谷的时候，他对债主说：欠你们的，我一定会还清。后来，史玉柱沉寂了3年，没人知道他干了什么，直到"今年过节不收礼，收礼只收脑白金"的广告声响彻大街小巷，史玉柱凭借着脑白金重新崛起。

2001年，史玉柱还完之前的所有欠债，并在《解放日报》上用一个整版，刊登了两个20厘米见方的"感谢"，宣告了自己的正式回归，挽回了自己的声誉。自此，史玉柱真正成了"商界的巨人"。

曾有人问史玉柱，领导者素质中哪一样至关重要。史玉柱回答说："是说到做到。你只要承诺了几月几日几点钟做完，你一定要做完。完不成，不管什么理由，一定会遭到处罚。"一致才有说服力，一致才有影响力，一致才有领袖权威。我把一致性的内外兼修分为五个层级。

第一个是言行一致。这是大家都听得比较多的，说到做到，说了就要去做，说话和做事保持一致。

第二个是知行合一。这是明朝思想家王阳明提出来的，意思是知道了就要去做，不一定要等说出来才去做。

第三个是思行合一。指的是想到做到，就是思想跟行为要保持一致。

第四个是心神合一。这是最高境界，指的是一个人的内心和他的精神意志力、精神意念、精神世界是一致的。我心是一切，一切是我心，一切由心决定。

第五个是天人合一。这是指人与天地万物融为一体，遵循自然的法则，做好自己的事情。一个人越往高处走，他就越"合一"。

其中，后四条靠自我检视，而言行一致，也就是说到做到，则经常被下属检视，直接决定领导者的影响力。

经营的第一阶段：经营事

经营企业分为三个阶段：经营事——经营人——经营未来。老板的境界也由此分为小老板、大老板和企业领袖。我们先来谈谈经营事。

人在事中，事在人上。明朝著名的思想家王阳明说："人须在事上磨炼，熬得住方成大器。"如切似磋，乃以器成。事上磨炼的含义是，要培养活智慧，而不做死学问。他还说："未有知而不行者，知而不行，只是未知。"

满口都是圣贤话语，却不去实践，这不是真正的"知"；熟读经典，却不通实务，就算品德高尚，也不是真正的"知"。他的知行合一来自他扎扎实实的人生体悟。

王阳明少年时立志要做个不问俗世的圣贤。他一心做个读书人，结果却因尝试宋儒格物之法，格竹七日病倒，感叹做不得圣贤。此后他流连骑射、文章、佛老，在仕途上也是险象环生，因触怒当权宦官刘瑾，被贬至贵州龙场，途中几次遭人追杀。

经过生死考验，王阳明因此悟道，思想境界大为提升。晚年，一方面致力于研究心学，一方面致力于帮助国家平定叛乱。如此丰富的人生经历带来的超常磨炼，造就了他丰富的内心思想。

想当好老板，当然要先学会做事。所有老板都要从"做事"的过程中走出来，否则是带不好队伍的。

在繁杂的事务中磨炼，人的内心难免会有煎熬的感受。身处逆境，苦熬挺住；陷入危机，苦熬撑住；适逢险阻，苦熬过关，若如此，日后必成大器。阅遍世事的企业家都明白，许多事情，一眼是看不到头的。"熬"的过程，也是一种修行的过程。有磨炼，才体现出成功的弥足珍贵。

那么，管理者做什么事情最有用呢？

1. 思考

思考力的大小是商人和企业家的区别所在。商人往往不擅长思考，商人的目标是赚一笔钱，做一个好生意；但企业家不同，企业家做事有使命感，会思考给客户、合作伙伴、上下游企业带来什么价值，如何让大家愿意和自己一起推动一个事业发展。

2. 决策

决策不是预测！学者可以预测30年以后什么样，但是企业家不可以，因为没有人会连续30年给你钱，你不能只做一个事情去迎接30年后的自己。决策的本质是把握好当下的机遇。

3. 求贤

人生需要持续不断地建立顶尖的人脉。《吕氏春秋》曰："贤主劳于求贤，而逸于治事。"贤明的管理者把精力放在求贤用人上，而在管理具体事务上则采取超然的态度。美国钢铁大王卡耐基在他的墓碑上就刻着："一个知道选用比自己更强的人来为他工作的人安息于此。"

4. 交友

成功就是找到对的人来合作。人对了，一切都对了。作为小老板，最重要的工作就是四处结交朋友——结交供货商、结交银行朋友、结交大客户、结交大老板,甚至优秀的人才也是靠结交来的。

5. 沟通

企业的管理,过去是靠沟通,现在是靠沟通,未来还是靠沟通。沟通才能畅通。沟通的核心就是推心置腹。沟通的目的是让对方变得更有力量。

经营的第二阶段：经营人

三国时代，蜀国成了三国中最早灭亡的一个国家，为什么？原因出在诸葛亮身上。诸葛亮智慧超群、为人忠诚、做事敬业，他协助刘备匡扶汉室，成就蜀国霸业，但是他犯了一个致命的错误：他做事一贯亲力亲为，不重视培养接班人，这使得他死后，"蜀中无大将，廖化充先锋"，蜀国无人才可用，自然难以持续。

古语有云："善武重，兵者也；善用兵者，将者也；善将将者，王者也。""人、财、物"是企业经营的三大要素，作为企业管理者，是不可能每一项工作都亲力亲为的，还是要靠员工。人对了，事也就对了，所以用人是关键。

企业经营的核心是经营人。企业的"企"字，即止于人。人是企业的核心，没有人就没有企业。经营企业说到底就是经营人。

有这么一个故事，有一天，一个男孩问迪士尼公司的创办人华特·迪士尼："你画米老鼠吗？"

"不，不是我。"沃尔特说。

"那么你负责想所有的笑话和点子吗？"

"不，我不做这些。"

最后，男孩追问："迪士尼先生，你到底都做些什么啊？"

华特·迪士尼笑了笑回答："有时我把自己当作一只小蜜蜂，从片厂一角飞到另一角，收集花粉，给每个人打打气，这就是我的工作。"

童语笑答之间，团队领导者的角色不言而喻。一个企业的管理者不只是会替人打气的小蜜蜂，还是团队中的灵魂人物。正如英特尔公司前首席执行官安迪·格鲁夫所言："领导者，最重要的职责就是要时刻发挥自我的人格魅力，去正面地影响每一个人的工作，甚至终身，而不是死板地去管理他们。"成功的管理者大多是有强大的感召力、经常深入员工、关心员工生活冷暖、平等待人的人。不过，这还不够。

心理学家马斯洛的需求层次理论指出：人的需求遵循生理需求、安全需求、人际交往的需求、被尊重的需求和自我实现需求的递增规律。自我实现是社会人的终极需求。如果你搞不清员工具体在想什么，抓住这一点准没有错。因此，经营人的核心就是发自内心地成就人。所谓成就人，通俗地讲，就是让他立起来，我把这个"立"字从三方面做了诠释：

第一，立"正"，包括正知、正念、正言、正行、正心、正能量。

第二，立"真"，包括做真人、说真话、出真品、寻真理。

第三，立"善"，核心是倡导利他，动机善，则事必成。

人才是企业最重要的资本，谁拥有最多、最优秀的人才，谁就拥有最大的资本。因此，管好人、用好人成为管理者的一项重要能力。

接下来，我们将要论述如何"经营人"。

经营人的方法（一）：感情

动人心者莫过于情。情动之后心动，心动之后理顺。

法国企业界有一句名言："爱你的员工吧，他会百倍地爱你的企业。"在所有投资中，感情的投资被认为是花费最少、回报率最高的投资。

三国争斗，当长坂坡之战，曹操大军来势凶猛，刘备虽冲出包围，家小却陷入曹军围困之中。刘备属下骁将赵云，担当保护刘备家小的重任。赵云拼死冲杀，七进七出终于寻到刘备之子阿斗，之后冲破曹军围堵，追上刘备，呈交其子。刘备接子，掷之于地，愠而骂之："为汝这孺子，几损我一员大将！"赵云抱起阿斗连连泣拜："云虽肝脑涂地，不能报也。"刘备摔阿斗，换来的是赵云一生的精忠报国。

现代管理越来越重视情感的力量。人是理性的，也是有情感的。其实，任何一个员工在内心深处都渴望着自己的领导对自己好。作为领导，要把握住员工的这一需求。

藤田田曾任日本麦当劳株式会社的社长，他在自己所著的畅销书《我是最会赚钱的人物》中分享过一个经营技巧：每年支付巨额资金给医院，作为保留病床的基金。当职工或其家属生病、发生意外，可立刻入院接受治疗。即使在星期天突发急病，也能马上送到指定医院，避免多次转院带来的麻烦。

有人曾问藤田田，如果员工几年不生病，那这笔钱岂不是白花了。藤田田回答："只要能让职工安心工作，对麦当劳来说就不吃亏。"藤田田的信条是：为职工多花一点钱进行感情投资，绝对值得。感情投资能换来员工的积极性，由此所产生的巨大创造力，是其他任何投资都无法比拟的。

情感力量犹如一只"看不见的手"，可以深入人的内心世界，从而持久"控制"员工。利用情感力量可以激发员工的积极性，达到立人的效果。著名的"南风法则"告诉我们这一招行之有效。

"南风法则"源于法国作家拉·封丹写的一则寓言，寓言中北风和南风比威力，看谁能把行人身上的大衣脱掉。北风首先来一个寒风凛冽、冰冷刺骨，结果行人把大衣裹得紧紧的。南风则徐徐吹动，顿时风和日丽，行人因为觉得春意上身，始而解开纽扣，继而脱掉大衣……结果显而易见，南风获得了胜利。

温暖胜于严寒。物质奖赏做不到的，可以试试情感管理，多给员工点温暖，会起到意想不到的效果。

当下，人们越来越强烈地要求自由、平等、尊重。美国著名的管理学大师托马斯·彼得斯曾疾呼：你怎么能一边歧视和贬低员工，一边又期待他们去关心质量和不断提高产品品质！人区别于动物最明显的东西除了语言，就是人类具有丰富的情感，而这些丰富的情感又会左右每一个人的思维。

企业领导者进行情感管理的核心是要有同理心。

从心理学的角度看，"同理心"是企业发展的"保护色"，也是公司管理层的隐形"吸铁石"。"同理心"也称为通情、共情、移情等，是人们建立良好关系的关键。它是"能站在对方的立场，设身处地地体会当事人感觉"的心理过程。

在企业中，领导者能从"同理心"的角度出发，去感受对方的处境、态度和信念，并将自己的感受传递给对方，对方会因为被理解和尊重而产生满足感。这种满足感利于工作的顺利开展,能够使团队成员在价值观上保持高度一致,在情感上互相信任,在行动上互相支持,并能促使利益最大化。

对于任何一家企业来讲,忠诚而有担当的员工都是一笔财富。而这样的员工不是靠抱怨得来的,领导者要付出各种努力去主动塑造。

经营人的方法（二）：制度

《塔木德》说："客人和鱼一样，新鲜时美味，但超过三天便会发出恶臭。"同样，生意场上，仅仅靠情感作为维系事业的纽带，是非常不利于企业发展的。

所以，杰克·韦尔奇说："你要勤于给花草施肥浇水，如果它们茁壮成长，你会有一个美丽的花园；如果它们不成材，就把它们剪掉：这就是管理需要做的事情。"

沃尔玛的创始人山姆·沃尔顿也说过类似的话："对员工要像对待花园中的花草树木，需要用精神上的鼓励、职务晋升和优厚的待遇来浇灌它们，适时移植以保证最佳的搭配，必要时还要细心除去园内的杂草以利于它们的成长。"他们强调的是同一个理念：管理是严肃的爱。

管理学家亨利·艾伯斯说过，上级领导的职责就是要把下级的行为纳入一个轨道，以便实现组织目标。那么怎样规范下级的行为呢？

王健林有一句响亮的口号：靠制度管人，不靠人管人。

王健林提过这样的要求：万达制度的最大特点是能用、好操作，所有制度为有用而设，不搞形式主义。检测标准就是：从没经历过开业的员工，照着制度干就行。

在万达，事项、标准、考核、审批流程等，所有的制度都非常明确，该遵循什么样的标准、什么样的流程，应该达到什么样的要求？看看制度，你就知道怎么处理了。其实，这体现了制度的内核——并不是要把你捆绑得死死的，而是通过一些标准告诉你正确的做事方法。

比如万达商业地产投资制度，10多年前万达就把投资中可能遇到的各种问题汇总成商业地产投资100问，5年前合并成商业地产投资50问。这50个问题涉及土地、配套、地下、规划、税费等方方面面。

万达去一个地方发展项目，要求把这50个问题全部搞清楚，比如土地是否七通一平、地下有没有障碍物、配套全不全、当地的建设成本如何、人工成本多少等，而且必须用数字回答，不能说个大概。

万达的制度，与其说是一种行为规范、一种约束，倒不如说是一个行为指南、一份干货指引，既清晰，又可实操。员工在规范内，很清楚自己该做什么、该怎么做。

很多技术型、创意型的企业对制度很抵触，那么，没有制度的企业会成什么样呢？

洪水没有堤坝的约束，就会泛滥成灾；黄沙没有植被的约束，就会形成沙尘暴。企业没有了制度的约束，就会像一盘散沙。

孙猴子没有紧箍咒的约束，就会捅破天。领袖带团队，必须要用制度约束员工。在接受管理方面，人大致可以分成三类：第一类人懂得自我管理；第二类人需要被管理；第三类人既不懂得自我管理，又不接受别人的管理。80%的人，属于第二类人，他们需要严肃的管理。制度约束对他们是束缚，也是一种呵护。

经济学家张五常有一句名言："你要放一个妖艳的女子在我的卧室，又要我对她没有非分之想是不可能的；要我对她没有非分之想的最好办法就是，让她离开我的卧室。"人性很容易失去控制，而制度能减少很多不必要的麻烦。

第二次世界大战期间，美国空军降落伞的合格率为99.9%，这就意味着从概率上来说，每1000个跳伞的士兵中会有1个因为降落伞不合格而丧命。军方要求厂家必须让合格率达到100%才行。

厂家负责人说他们竭尽全力了，99.9%已是极限，除非出现奇迹。军方（也有人说是巴顿将军）就改变了检查制度，每次交货前从降落伞中随机挑出几个，让厂家负责人亲自跳伞检测。如此，奇迹出现了，降落伞的合格率达到了100%。这就是制度的魅力。

在企业管理中，好的制度兼具管人和树人的功能，当员工内心深处接受了制度的规范，工作起来就会效率高，整个人都会变得有板有眼。

经营人的方法（三）：文化

彼得·德鲁克说过一句话："做企业最重要的就是两件事，一件事是做营销，另一件事是做企业文化。"

对于这个观点，美国哈佛大学的约翰·科特教授和詹姆斯·赫斯克特教授经过11年的考察，得出了这样几组数字：重视企业文化的公司总收入平均增长率68.2%，不重视企业文化的公司则仅为16.6%；重视企业文化的公司股票价格增长率为90.1%，不重视企业文化的公司为74%；重视企业文化的公司净收入增长率为75.6%，不重视企业文化的公司仅为1%。

所谓文化，意思是"以文化人，以事成人"。企业是人，文化是魂。企业无人则止，企业无魂则散。做人要有文化，才能成功；经营公司也要有文化，才能长久经营下去。

有一位投资高手，在两家公司中选一家投资。他先去第一家，看到厂房的标语是："早上吃好，晚上早睡。"另一家的标语是："大战九十天，创造新辉煌。"

第一家工人的工资是4000元左右，第二家是3000元左右，于是他果断投资了第一家，后来赚得盆满钵满。"早上吃好，晚上早睡"，这样简单直接的企业文化，代表了企业管理层的心态和做事风格，而一个重视员工利益的企业，更有投资价值。

海底捞被誉为餐饮界的神话，2018 年，海底捞在香港上市，公司总估值 100 亿美元。在海底捞成功的背后，它的企业文化一直被外界津津乐道。

海底捞刚进北京的时候，租的第一个店面就被骗了 300 万元，那是创始人张勇账上所有的现金。对方背景强劲，这笔钱完全追不回来。当时负责此事的经理急得好几天吃不下饭，张勇也着急上火，可看着手下员工心急，他反而心疼起来，甚至都不露面，也不给这位经理打电话，以免给他带来更大的压力。后来听说员工们要找黑社会解决骗子，他才给经理打了电话。

他说："你们就值 300 万元？干点正经事吧。"他说，他心疼，但是他不怨员工，将心比心，是他自己去办也会受骗。

张勇的这份为员工着想的善良和宽容铸就了海底捞的企业文化：追求顾客和员工满意度，而不是利润。尤其是追求员工满意度，这在企业界是非常少见的，张勇认为，只要员工满意了，顾客就会满意，利润自然不是问题。

海底捞提升员工满意度的一个主要途径是给员工充分授权，也正因为如此，海底捞的任何一个服务员，都有权给一桌客人免单。值得强调的是，这里说的是普通服务员，不是经理；是免单，而不是免一两个菜品。

海底捞有很多追求员工满意度的具体做法，这种做法的直接影响是，员工有足够的主人翁精神，他们会为了海底捞的发展，充分发挥自己的创造力和执行力。这正是文化的魅力。

经营人的方法（四）：名分

在罗伯特·西奥迪尼的《影响力》中有一个例子让人印象深刻：一个人走在大街上突然犯了心脏病，躺倒在地，周围一群人在围观，就是没有人出手相救。书中给出了一个解决方法：指定某一人帮自己，那个人多半会出手相助。

指定一个人，看起来很简单，却能发挥重要的作用，这是因为它完成了一个步骤：确定名分。

日常工作中，有些领导者开会时会给团队布置这样的任务：年底我们的销售额要突破3个亿。确定好目标后，领导就离开了。这样的目标很难实现，为什么呢？因为名分未定。这个领导只定下了目标，却没有指定完成目标的团队人员的名分。

员工不能明确自己的名分，不知道具体该干啥，直接导致了互相推诿、磨洋工。反正完不成既定目标是整个团队的错，不是某一人的错，于是乎，整个团队就真的完不成目标了。

在实际工作和生活中，一个人因为身份和地位变了，做事的方法也变了，这样的例子并不少见。

"恭喜了，升经理了！""没什么，虚名而已。"日常工作中，我们经常会有这样的对话，荣升经理的那人都会谦虚地说那是"虚名"，可他心里真实的想法是什么？"我高升了，我的身份地位不同于昨天了，我走路都带风了！"

名不正，则言不顺。名分也可以立人。我们常说升职加薪，升职在加薪的前面，因为在很多人的心目中，升职比加薪更重要。

从社会学的角度讲，人在解决了生存问题后，要考虑的就是社会承认、荣誉等问题了。企业领导如果能够为员工提供"从奴隶成长为将军"的机会，让员工不断努力提升自己，然后一步步实现从普通青年到企业高级蓝领、高级白领的跨越，员工就会用业绩与忠诚回报企业和领导，这样带出来的员工队伍会整体呈现一种蓬勃向上的拼搏力量，这样的企业自然能在激烈的市场竞争中保有竞争力。

要想牛不用赶就能走得快，农夫只消拿一把稻草走在前面就可以了。企业老板要想让别人忠心跟随你，"名分"就像这把稻草，恰当的分"名"，给予下属足够的精神激励，他们就能为了职位的晋升，更加努力地奋斗。

经营人的方法（五）：魅力

这句成语相信大家都不陌生："桃李不言，下自成蹊。"有芬芳的花朵、甜美的果实，自然就能吸引人到树下，渐渐成路。

还有一个成语叫"德高望重"。从古至今，中国就讲究"以德服人"。孟子说，仁者无敌。施行仁政的人可以使天下归服，使天下归服的不一定是大国——商汤王只有方圆七十里，周文王只有方圆一百里，用武力征服别人的，别人并不是真心服从他，只不过是力量不够罢了；用道德使人归服的，才是心悦诚服。

德行这种东西，说不清道不明的，就像桃花的芬芳、李子的香甜一样，成为领导吸引人的魅力所在。

经营人，无论是打情感牌、制度牌、文化牌还是激励牌，都不及老板的领袖魅力这张牌来得有效。有个人魅力的老板，无为而治。什么都不用做，对于下属来说，就有一种强烈的吸引力。

"领袖魅力"一词，来源于希腊语，其原意为"天赐之物"或"神的恩典"。社会学家马克斯·韦伯曾把领袖魅力定义为"领袖人物所独有的、区别于普通人的一种素质"。他通过对全世界领袖的大样本研究，得出这样的结论：领袖人物由于具备了普通人无法企及的力量，而得以从普通人中脱颖而出。

大多数成功的领导者，他们自身好像一块磁铁，深深地吸引着别人矢志不渝地追随他们。他们身上体现出来的这种巨大的、神秘的感召力总让人捉摸不透，似乎真是"天赐之物"。

我们都知道，孔子有弟子三千，光是贤者就多达72人。这些弟子之所以心甘情愿地追随孔子，正是受孔子自身的智慧和人格魅力感召的结果。正如孔子自己所言："德不孤，必有邻。"

在珠海格力电器股份有限公司，董明珠女士就是一个能起示范作用的魅力型领导。格力电器公司有很多关于董明珠的故事在传扬。她在36岁的年纪成为格力电器的一名基层业务员，一路辛勤奔波、施展智慧、披荆斩棘，最终走上企业领导者的岗位。她对自己的亲人毫不讲情面，曾经，一个经销商想通过董明珠哥哥的关系补充货源，答应给他提成。哥哥从南京千里迢迢赶到珠海，不料却被董明珠无情地拒之门外。之后10多年，兄妹两人没来往。

董明珠用实际行动展现了一种不惧困难、一心为企业的魅力型女性领导者形象。对外，她赢得了社会的高度评价和赞美；对内，很多员工把她当成了榜样。

领袖魅力的显见功能是凝聚人心。有魅力的领导，会自动吸引人，会与下属之间拥有更亲近、更真诚的关系，会让下属心甘情愿地跟着他奋斗，团队凝聚力因此也比较强。

领导魅力的更大价值在于：可以立人。人之所以追随另一个人，内心深处是想成为后者。与富有魅力的领导一起工作，对于下属来说，是一件兴奋的事。下属受某个具有魅力的领导吸引，会使他们产生一种积极的情感反应："我们的老板太好了！我要一心一意为他工作。"

管理学家形容这种情感反应，如同一般人面对心仪的油画和汽车所产生的反应。在这种积极情感反应的长期作用下，下属会把领导作为自己的榜样、楷模和前进的导师。养成这样的崇拜心理之后，就会认为领导发出的各种信号、做出的各种决策都是真实的、可靠的、正确的、可信赖的，值得自己全力以赴为之奋斗。

因此，领袖魅力，不只是老板个人修养的体现，更是经营人的"标配"。这就是很多老板在企业越做越大的时候纷纷来找我上课的原因所在。他们越来越多地意识到，经营人一开始靠的是管理工具，但最终靠的是领导魅力。

经营第三阶段：经营未来

有这样一个有趣的商业故事：某城外有块空地，因为地处荒凉，价格非常便宜，一个老板将它买了下来。刚好，当地的教育部门正因找不到筹办一所新学校的地皮发愁，这个老板便划了三分之二的地皮，无偿捐给了教育部门。

朋友和妻子都无法理解他的行为，虽然他平时也做公益，但这次简直是"无私奉献"到了极致。

不久，一所颇具规模的学校在这块荒地上矗立起来。这位老板在剩下的地皮上修建了餐厅、商场、网吧、书店、影院等，形成了学校门前的商业一条街。很快，地皮的损失就从商业街的营利中赚了回来。

学校找到了合适的地块，老板赚到了钱，长远的眼光，促成了这种共赢的局面。

优秀的企业家都具备长远的眼光，能够从眼前的利益中跳脱出来，看到别人看不到的东西。一个看不到未来的人，最终会失去未来。所以，领袖一定要比任何人都懂得经营未来。

苹果公司在20世纪70年代起家，上市仅5年就进入了世界500强，这是空前绝后的。苹果公司的成功最早靠的是个人电脑，比IBM的PC还早，叫苹果Ⅱ号。它的设计师斯蒂夫·盖瑞·沃兹尼亚克，机器设计得非常好，但缺乏远见卓识，也没有敏锐的洞察力，认为所设计的电脑一年只能销售几百套。

当时苹果公司的另一位创始人叫史蒂夫·乔布斯，20岁出头创业，他的看法就完全不一样，他认为苹果电脑将带动一个巨大的产业，一年可销售几十万台。事实果然如其所料，个人电脑生产与制造成为一个大产业，史蒂夫·乔布斯后来被里根总统称为"人们心目中的英雄"。

对市场的敏锐洞察力是企业家极其重要的素质，他的境界是决定企业前途和方向的根本。培养企业家的远见、智慧与精神，是这个时代提出的新课题。一个不断壮大的企业需要具有敏锐的洞察力和战略眼光的领导。

像前面说的那位老板那样"放长线钓大鱼"，虽然目光长远，但是未必够得上领袖的称呼。真正的领袖级企业家，其眼中的未来，远不限于企业的利益，他们身上有一种服务大众、回报社会的普世精神。微软公司曾提出希望每个家庭的桌上都有一台电脑，宜家家居致力于在产品的设计风格上消除阶层差异和贫富悬殊。受人尊敬的企业，都有一个伟大的理念。

1995年创立之初，亚马逊还只是一个在线书店。20多年后，杰夫·贝索斯已经创造了一个领域覆盖零售业、电子书、出版业、影视行业、音乐行业、平板电脑、软件行业、人工智能、大数据、物联网等的商业帝国。此外，贝索斯还不断收购或投资其他公司，以扩大自己的业务范围。2017年10月，杰夫·贝索斯以千亿美元的身价打败比尔·盖茨，成了新一任世界首富。

如果你认为打造亚马逊帝国就是贝索斯的全部梦想，那你就大错特错了。贝索斯说，亚马逊对于自己来说，只是一份赚钱的工作而已，为人类解开宇宙之谜，移民太空，拓展生存空间，这才是贝索斯的宏伟梦想。

2000年，贝索斯正式创立了一家商业太空公司——蓝色起源（Blue Origin），随后的20多年，他不断把资金投到这个项目上。贝索斯不止一次强调，蓝色起源真正承载了他的梦，他成立蓝色起源是为了整个人类的发展着想。

为了更多的资源，为了能容纳更多的人口，为了以防万一有一天地球不再适宜居住，人类必须得为走向太空做好准备。而蓝色起源的主要研究方向是发射高性价比的宇宙飞船，以便将来将人类顺利送上太空。这种伟大使命，赋予贝索斯一种独特的魅力。

领袖，是眼中有未来并专注实现梦想的人。哪怕别人再不理解，他们也矢志不渝、九死不悔。他们关注的未来，有个人的未来、企业的未来、国家的未来甚至人类的未来。领袖不仅擅长润饰这些未来，更擅长将之化为大家共同奋斗的理想和目标。

成为企业领导者的关键一：说故事

未来研究所所长洛夫·杰森说："创造以及诉说故事的能力，是 21 世纪企业必须拥有的最重要技能。"

管理学家约翰·P.科特说："不会讲故事的企业家就不会管理。"

哈佛大学心理学教授霍华德·加德纳说："讲故事是一个领导工具箱里最重要的工具。每个好领导都是讲故事高手。"

培根说："知识就是力量。"而传播知识最有力的方法是什么呢？当然是讲故事。

对于一个企业家来说，会讲故事是一项不可或缺的技能。故事是有生命力的，故事是有影响力的，故事是有感召力的，故事是演讲的灵魂。那些精美、经典、耐人寻味的故事，比千千万万的道理更能打动人心。

故事让人刻骨铭心，故事让人回味无穷，故事散发着无穷的感染力、影响力、生命力。

一个震撼人心的故事，可以让一颗即将枯萎的心重新燃起烈火般的雄心和希望，可以让一个濒临破产的企业起死回生，可以让商品销售量提升百倍、千倍甚至万倍。

史蒂夫·乔布斯是个很会讲故事的人，他推出新产品时说："我的愿望是将互联网装到你的口袋里，随时都能拿出来用。"我们知道，现在的苹果手机功能非常强大，真的可以将互联网放到口袋里。

新东方的俞敏洪、阿里巴巴的马云、联想的柳传志……他们都是说故事的高手，说自己的故事，也说企业的故事。

一个企业家要想带领企业走向成功，必然经历了非凡的人生，这些人生经历和体验汇聚成一则则传奇的故事，触动人心，引人深思。一个优秀的领导者，一定是一个讲故事的高手。用故事打动人，远胜于用大道理教化人。

领袖一定要成为会讲故事的人。讲什么故事呢？

1. 出身的故事

在史书中，记载了很多帝王出生时的异象。天子们为什么热衷于讲述这样"离谱"的故事呢？是为"君权神授"寻找依据，鼓吹自己的统治合法。这一招为很多现代领袖借鉴。就连史蒂夫·乔布斯也不免俗，关于他私生子出身、被人领养的故事一直为世人所津津乐道。要知道，这些故事是他自己爆料出来的，2005年，他在斯坦福大学发表了一个演讲，讲的就是自己的3个人生故事。

2. 成长的故事

任正非写过一篇文章，叫《我的父亲母亲》，广为流传，很多人不止一次含着泪读这篇文章。

在文中，任正非讲述了母亲意外身故的时候，自己没能赶上的遗憾；讲述了父亲因为在昆明街头的小摊上，买了一瓶塑料包装的软饮料，喝后拉肚子，一直到全身衰竭去世；讲述了一家子如何度过三年困难时期；讲述了自己饿得受不了依然带着全家的希望考上大学的故事……

在文章的结尾，任正非写道："回顾我自己已走过的历史，扪心自问，我一生无愧于祖国，无愧于人民，无愧于事业与员工，无愧于朋友，唯一有愧的是对不起父母，没条件时没有照顾他们，有条件时也没有照顾他们。爸爸妈妈，千声万声呼唤你们，千声万声唤不回。逝者已经逝去，活着的还要前行。"动人心弦的描述，充满灵魂拷问的自我剖析，这样的任正非怎么能不受人敬爱呢？

3. 求学的故事

每年高考前后，朋友圈就流传这些企业家的求学故事：马云参加了3次高考，才被破格录取；俞敏洪参加了3次高考，终于考上了北大；21岁"高龄"的李东牛，在广东省惠州市马安农场挑灯夜战，成为全农场唯一考上大学的知青；靠着每星期从家里背回来的几斤米和一罐霉干菜过活的郭广昌，一咬牙考上了复旦大学哲学系……求学故事也是企业家打造接地气形象的一个"武器"。

4. 奋斗的故事

潘石屹出生在甘肃天水的一个小山村，由于家庭成分不好，他的父亲被划为右派，他也备受歧视。加上母亲常年瘫痪，他从小就缺吃少穿。

出身不好，激励着他不断奋斗。先是发愤学习，考上了兰州城市学院，毕业后被分配到了一家事业单位。原本可以平平稳稳地生活，但他却选择下海。1987年，潘石屹变卖家当，毅然辞职，南下深圳。因为语言不通、饮食不适，那段时间，他感到非常压抑。1988年4月，第七届全国人民代表大会第一次会议通过了《关于设立海南省的决定》，把海南行政区从广东省划出，单独成立了海南省，政府给予了海南省很多优惠政策。

潘石屹抓住了这个千载难逢的机会，于1989年来到海南省。后面的故事大家就都知道了。

5. 成就他人的故事

因为你的存在,让他人的人生更加精彩;因为你的存在,让别人实现了梦想,找到了人生的价值和意义。当你讲这样的故事时,你就会吸引更多的人才,你就会树立权威、发挥领导魅力。

诺贝尔物理学奖获得者李政道回忆说,他在美国读研究生的时候,有一天导师费米问他太阳中间的温度是多少,他说大概是绝对温度1000万开尔文。费米问他怎么知道的,他说是看文献知道的。费米摇摇头,意味深长地说:如果没有通过自己的思考和估算,你不能接受别人的东西。

为此,费米花了两天时间帮李政道做了一把特制的巨型计算尺,有了这把尺子,就能很方便地计算出太阳中心的温度。这把尺子,可能是世界上唯一的专门用来计算太阳温度的计算尺。为了让学生理解不能盲目接受别人的结论这一点,费米竟然亲自做了这把大计算尺,从而给李政道树立了一个脚踏实地的榜样,使他受益终身。

6. 创业的故事

企业家尤其要讲好"为什么要创业"和"创业中的辛酸荣辱"。领导力背后的核心是:老板必须是一个想干大事的人。因为只有想干大事的人才能给别人希望。所以讲好"我是一个一开始就立志干大事的人",尤为重要。

为了扛起维持家庭生计的重任,李嘉诚不到15岁就辍学,每天工作10多个小时。22岁时,他把自己多年辛苦积攒的7000美元全部投入创业中,曾经多次差点经营不下去,但他坚持了下来,这才有了长江实业的未来。这些故事生动形象,让人津津乐道,又利于传播,能有效增强企业领导身上的影响力。

品牌传播，传播的就是故事

企业家除了讲好企业家的故事，还要讲好企业的品牌故事。

某国际调查公司的调查数据显示，在亚洲前 100 大 OEM（贴牌生产制造）企业所创造出来的利润差不多是 47 亿美元。而全球 100 大 OBM（自有品牌）企业所创造的价值却是 2578 亿美元。两者之间如此大的利润差，正是品牌创造的价值所在。

而品牌魅力是如何形成的呢？靠讲故事并把故事传播开去！

北京同仁堂是全国中药行业著名的老字号。创建于 1669 年（清康熙八年），自 1723 年开始供奉御药，历经 8 代皇帝共 188 年。在 350 多年的风雨历程中，历代同仁堂人始终传播着这样一个故事：

少年康熙曾得过一场怪病，全身红疹，奇痒无比，宫中御医束手无策。康熙心情抑郁，微服出宫散心，信步走进一家小药铺，药铺郎中只开了便宜的大黄，嘱咐泡水沐浴。康熙按照嘱咐，如法沐浴，迅速好转，不过三日便痊愈了。为了感谢郎中，康熙写下"同修仁德，济世养生"，并送给他一座大药堂，起名"同仁堂"。

很多企业想对外"说"自己的品牌，往往无从说起，毕竟并不是每个企业背后都有一个经典故事。其实，传播故事的手段未必只有一种。

1984 年，张瑞敏临危受命，接任当时已经资不抵债、濒临倒闭的青岛电冰箱总厂（今海尔集团前身）厂长。1985年，张瑞敏做了一个今天大家都知道的壮举。当时，张瑞敏收到一封用户来信，信里说厂里生产的电冰箱存在质量问题。于是他立马带人检查了仓库，结果发现在仓库的400多台冰箱里竟然有76台不合格。为此，他在全体员工大会上宣布，要把这76台不合格的冰箱全部砸掉，而且要让生产冰箱的人亲自来砸。

这个故事被媒体频繁报道，海尔一砸成名，企业的美誉度立马得到提升：海尔不仅把质量放在第一位，而且对用户"真诚到永远"。没有悠久历史背景的海尔，靠着张瑞敏的这一个举动变成了"有故事的品牌"。

说起品牌传播，最厉害的当属意大利奢侈品牌普拉达。2006年，普拉达将自己的品牌文化和形象，植入了一部电影《穿普拉达的女王》，开拓了品牌故事传播的新境界。尽管电影里面还出现过其他的品牌，但唯有反复出现的普拉达最令人记忆深刻。

通过这部电影，普拉达在时尚界的地位提升了。片中女主角的穿着成为众多时尚白领的风向标，为品牌赢得绝佳的宣传效果。

正如广告教父大卫·麦肯兹·奥格威所揭示的，最终决定品牌市场地位的是品牌的性格，而不是产品间微不足道的差异。每一个成功的品牌背后，都塑造了一个传奇的故事来展现自身的品牌个性，或者解释它们在市场中的地位。遍观世界品牌企业，无不是想着法子讲故事的高手。可以说，不会讲故事的企业都悄悄不见了，而会讲故事并且善于传播故事的企业，基业长青。

成为企业领导者的关键二：谈梦想

孙正义在23岁的时候，得了肝病，整整住了两年医院。在这两年当中，他阅读了4000本书，平均一天阅读5本书。孙正义在读完了4000本书籍之后，他根据自己的读书心得写了从事40种行业的发展计划。他意识到要成为全球首富，就必须从事最新、最具发展潜力的行业。

一出院，他就以坚定的信念进军计算机行业，并从这4000多本书中总结出了一套与众不同的创业方案。于是，孙正义创立了他的公司，这时他的员工只有两个。

公司开业那天，孙正义站在公司装苹果的水果箱上面，跟他的两个员工说："各位，我叫孙正义，在25年之后，我将成为全球首富，我的公司营业额将超过100兆日元！"后来，孙正义实现了他在苹果箱上的誓言，并一步步向全球首富比尔·盖茨发起挑战。

我非常喜欢孙正义先生的一句话："人们最初拥有的只是梦想，以及毫无根据的自信，但是所有的一切都从这里开始！"是的，有梦的人生叫起航，没梦的人生叫流浪，一切的成功和成就都从做梦开始。

一个普通的员工选择进入一家企业，可能有千万种原因，然而优秀的员工却只有一种原因，那就是，这里能够让他找到梦想或实现梦想。梦想，是人生力量的源泉，是事业成败的起点；梦想让人热血沸腾，让人战胜所有的挫折与困苦。

老板需要埋头拉车，更需要抬头讲话。一个伟大的企业源于拥有一个伟大的领袖，一个伟大的领袖源于拥有一个伟大的梦想。领袖都是造梦的高手，通过一个美好的梦吸引顶尖人才，一起实现梦想。

马云在创立阿里巴巴的时候说：我们要做一家让我们这一代人感到骄傲的企业，让天下没有难做的生意。马云是商界著名的演说家，更是谈梦想的高手。在他人的心中植入一个伟大的梦想，就是在他人心中种下一颗希望的种子，用信心培育，用勤奋灌溉，梦想终会成为共同的庇荫。因为梦想，马云造就了属于自己的商业帝国；而我也因为梦想，创办巨海集团，踏上慈善之路。

在亲戚朋友的眼中，钢铁大王安德鲁·卡耐基是个吹牛大王。他15岁的时候说："我长大后，要组建一个公司，赚很多钱，给父母买一辆漂亮的马车。"当时跟他同住在贫民窟的人都觉得他疯了。

20岁的时候卡耐基又说："我要赚到足够的钱给家里人换一所大房子。"当时跟他同在路边卖东西的人也觉得他疯了。

30岁的时候卡耐基又说："我要拯救世界，让所有的穷人都能够有面包吃。"当时同在一个办公室的十几个同事看着他也觉得他疯了。

可是就是这样一个"疯子"说出了自己的人生梦想，这些看似遥不可及的目标一直激励着他不断努力，就这样，他最后成了当时的世界首富，成了受人敬仰的大慈善家。

我见过不少人，他们每天都会对自己说、对别人说："我要成功，我要光芒万丈，我要像太阳一样，照亮万物。"最后，他真的成功了，他改变了自己的人生，也改变了周围人的命运，进而改变了更多人的命运。仔细回想一下：你的小学同学、初中同学当中，是不是也有几个这样的人呢？他们是不是最终都混得很不错呢？

上小学时周恩来就立志："为中华之崛起而读书！"为了兑现这句誓

言，他舍弃了舒适的家境，走上了革命的道路，一路上经历血雨腥风仍矢志不渝，为中华民族的独立、自由贡献一生。他的人生道路早在小学时就清晰了。

为什么说出来的话，会影响自己的行动，进而影响身边人的行动，最终改变我们的人生呢？

心理学上有个言语暗示效应。有个人特别怕下水道的盖子，生怕掉下去。后来心理指导者让他在接近井盖时用"男子汉大丈夫，怎能害怕区区一个井盖？！"的话语鼓励自己，然后站在井盖上讲10遍、跳10次，后来，他的紧张感果然消失了。

说出来的话，会把意念、思想这些有能量的信息传达给我们的大脑，而脑电波是有频率的，它们的振动会吸引跟它频率相同的东西。这在心理学上被称为吸引力法则，大脑就是这个世界上最强的"磁铁"，会散发出强大的"吸力"，它会把你大脑中想象的事物吸引过来，你的生活也将变成你心里经常想象的样子。

在巨海集团创立之初，我就制定了一个目标：做一家101年的企业，为社会捐赠101所希望小学。当时的我住在出租屋里，生活都成问题，外人看来，要实现这样的目标几乎是天方夜谭，可我坚信有了演说这个武器，我的目标就一定能实现。在每次演说中，我都会激情地诉说我的梦想：用我毕生的时间和精力来捐建101所巨海希望小学。不知不觉我身边出现很多贵人。

总之，好的老板一定是会鼓励自己的人，也是敢于把梦想讲给身边人听的人。把梦想讲出来，一方面可以倒逼着自己去成功，另一方面吸引同类来帮助你快速成功。

把"我的梦想"变成"我们的梦想"

所有成功的老板,不但自己有梦想,敢于讲出梦想,而且能把"我的梦想"变成"我们的梦想"。

1987年,任正非集资21000元人民币去深圳创办华为,只有少量的启动资金,却要战胜无数强大的对手。有一天,任正非跟他的核心高管在一起开会,开完会之后他意犹未尽,开口问道:"你们10年后干什么?10年后的梦想是什么?"

所有人讲完之后,任正非说:"以后买房子,客厅可以小一点,卧室可以小一点,阳台一定要大一点!"在场人就纳闷:为什么阳台一定要大一点呢?任正非笑道:"因为10年后你们都没有事干了,在没有事干的时候可以把钱拿到阳台上晒一晒!"

到了今天,有数据显示,华为员工工资在中国民营企业当中排名第一,华为成了中国最赚钱的民营公司。

领导者谈梦想的目的是吸引顶尖人才,一起实现梦想。所谓领导者,就是要发自内心地帮助别人成就梦想,你能成就多少人的梦想,你就能成就多大的事业。

我觉得我个人也是个很好的例子。创办巨海之初,我便确立了巨海集团的使命——帮助企业成长,成就同人梦想。巨海自2008年创办至今,越来越多的企业家走进了巨海的课堂,在巨海,他们找到了人生梦想,他们不断成长蜕变。有人结束了打工生涯,创办了自己的公司;有人克服了胆怯,成为一名超级演说家和团队建设专家;有人修复了企业关系,带领团队再攀高峰。

我常常跟他们说一句话:"如果你们没有梦想,我帮你们找到梦想;如果你们有梦想,我帮你们实现梦想。"

成为领军人物的关键三：给希望

一个人可以三天不吃饭、三天不喝水、三天不睡觉，可是他不能没有希望哪怕一秒钟。一个没有希望的人，他的生活是暗淡的，他会放弃生活，甚至放弃自己。同样，一家企业中，上至领导，下至员工，任何一个人都不能失去希望，否则，企业必将遭遇失败。

据说，只要拿破仑亲率军队作战，军队的战斗力便会增强一倍。军队的战斗力在很大程度上基于士兵们对于统帅的信心。如果统帅抱着怀疑、犹豫的态度，全军便要混乱。拿破仑的自信与坚强，使他统率的每个士兵都增强了战斗力。

有一次，一个士兵骑马送信给拿破仑，由于马跑得太快，在到达目的地之前猛跌了一跤，马一命呜呼。拿破仑接到了信后，立刻写了回信，交给那个士兵，并吩咐士兵骑自己的马把回信送去。

士兵看到这匹骏马非常强壮，身上的装饰无比华丽，便说："不，将军，我只是一个默默无闻的士兵，实在不配骑这匹华美强壮的骏马。"拿破仑则严肃地说道："世上没有一样东西，是法兰西士兵所不配享有的。"

在进攻意大利之前，拿破仑这样鼓舞全军："我将带领大家到世界上最肥美的平原去，那里有名誉、光荣、富贵在等着大家。"

企业领导者不仅要脚踏实地带领员工冲锋陷阵，更要制定战略，规划蓝图，给员工打造一片充满希望的天空。

意大利歌剧作曲家普契尼说，希望是支撑着世界的柱子，希望是一个醒着的人的美梦。有希望才有信心，有信心才有力量。

东汉末年，曹操带兵去打仗，一路行军，走得非常辛苦。时值盛夏，太阳火辣辣地挂在空中，散发着巨大的热量，大地都快被烤焦了。曹操的军队已经走了很多天，十分疲乏。这一路上又都是荒山秃岭，没有人烟，方圆数十里都没有水源。将士们想尽了办法，始终都弄不到一滴水喝。头顶烈日，将士们一个个被晒得头昏眼花、大汗淋漓，可是又找不到水喝，大家都口干舌燥，感觉喉咙里好像着了火，许多人的嘴唇都干裂得不成样子，鲜血直淌。每走几里路，就有人因中暑死去，即便是身体强壮的士兵，也渐渐地快支撑不住了。

曹操目睹这样的情景，心里非常焦急。他策马奔向旁边一座山岗，在山岗上极目远眺，想找个有水的地方。可是他失望地发现，龟裂的土地一望无际，干旱的地区大得很。再回头看看士兵，一个个东倒西歪，早就渴得受不了，看上去怕是很难再走多远了。

曹操是个聪明的人，他在心里盘算道：这一下可糟糕了，找不到水，这么耗下去，不仅会贻误战机，还会有不少的人马损失在这里，想个什么办法来鼓舞士气，激励大家走出干旱地带呢？

曹操想了又想，突然灵机一动，脑子里蹦出个好点子。他就在山岗上，抽出令旗指向前方，大声喊道："前面不远的地方有一大片梅林，结满了梅子，大家再坚持一下，走到那里吃到梅子就能解渴了！"

士兵们听了曹操的话，想起梅子的酸甜，就好像真的吃到了梅子一样，口里顿时生出了不少口水，精神也振作起来，鼓足力气加紧向前赶去。就这样，曹操终于率领军队走到了有水的地方。

这个流传至今的"望梅止渴"的故事，展现了希望的力量。正因为有了希望，曹操带领的大军才得以稳步前进，让无数的士兵有了精神力量。可见，一个人能够奋勇前进、一往无前，是因为他的内心充满了美好的希望。

有希望就会有信心，有信心就会有力量。

希望可以创造无穷的力量，可以创造意想不到的奇迹。

商业领袖都是创造希望的高手，让大家因为一个共同的愿景、一个共同的希望，一起携手创造势不可挡的未来。

规划蓝图，激发期待

柳传志说过："办企业有点儿像爬珠穆朗玛峰，目标是爬到山顶。不管是从北坡上，还是从南坡上，都能爬到山顶。但你做企业，你的队伍总不能一半人从南坡上，一半人从北坡上，这是不行的，大家要从同一个方向朝目标前进。只有这样，这个企业才会在竞争中有获胜的机会。"

有这样一个寓言故事：梭子鱼、虾和天鹅一起想把一辆小车从大路上拖下来，它们用足狠劲，累得气喘吁吁，可是无论它们怎样拖呀、拉呀、推呀，小车还是在老地方，没有移动一米。这是为什么呢？倒不是小车真的重得不得了，而是因为天鹅使劲儿往上向大空直提，虾一步步向后倒拖，梭子鱼又朝着前方拉去。

在这个故事中，梭子鱼、虾和天鹅之所以拉不动小车，是因为朝着不同的方向使劲，没有形成合力。同样，对于一个团队来说，也是这样的。一个优秀的团队，必然建立在相同的奋斗目标之上。

事实上，大多数人并不清楚自己的期待是什么。在这种情况之下，能够清楚地把大家的期待具体地描述出来，就是最具有影响力的人。

"你最需要自己的领导做什么？"有人就这个问题做过一个调查，结果70%以上的人的答案是：希望领导指明目标或方向。

美国一家咨询公司所做的另外一项调查发现，员工在工作过程中最关心的 12 个问题里，"我知道企业对我的工作要求吗？"和"公司的使命和目标使我觉得我的工作重要吗？"这两个问题关注度最高。

可见，员工都很关心公司的奋斗目标以及自己的工作对于公司整体目标的完成有着怎样的影响。任何人都希望自己是重要的，当一个人感觉自己的工作非常重要时，他的责任感和荣誉感就会被极大地激发出来。

当员工意识到自己的工作对企业发展有重要的影响时，他就会觉得自己承担着艰巨的使命，自己的每一点努力都会有助于实现企业的整体目标，这将使他的热情得到最大的发挥。

作为领袖，给人希望的同时，要把希望变成一个具体的目标。希望让人精力充沛，目标则让人脚下有力。希望越明确，干劲儿越充足。

有这样一个故事：某次海难中，生还的 5 个人漂流到了一个小岛上。小岛上曾经有人居住，留有很多残存的建筑物，有大量的石料可以使用。但是，这些石料都巨大且沉重，每块都需要 4 个人各抬一角，才能移动，想把这些石料搬运到适合盖房子的地方实在是一件很辛苦的事。这 5 个人相互推诿，不愿意去主动抬石料。被迫去抬又不愿意出全力，眼看寒冬将至，盖房子的工作却没有一点进展。

有一天，岛上来了第 6 个生还者。这个人是一名建筑师，了解到岛上的困境后，他先是在小岛上转了一圈，而后把大家召集起来，对大家说："我已经调查并估算过了，我们盖房子大约需要 480 块石料，每块石料要 4 个人抬，那么就是 1920 人次，我们是 6 个人，每人要抬 320 次；如果我们每人每天抬 32 次石料，一天就可以抬 48 块，10 天全部抬完。用不了一个月，我们的房子就能盖起来，那时候刚好是这里的冬天，我们在屋子里温暖地过冬，也不用担心野兽的袭击，来年春天会有船经过，我们就都能得救。"

听他说得这么明确，大家都非常兴奋。这时，建筑师趁机说："有一个前提是，每个人都必须全力以赴，因为搬石料时，4 个人中如果有一个人偷懒，石料就很可能落地，砸伤其他人的脚。如果受伤的人超过两个，我们将无法完成房子的建造，只能眼睁睁地冻死，或是被野兽吃掉，所以，为了自己，大家也要全力以赴。"看到大家都表示赞同，建筑师甩掉上衣走向巨石，第一个搬了起来。大家跟着抢着搬起来。10天后，石料如期搬完。接下来不到一个月，一栋温暖、结实的房子就建了起来。他们顺利挨过冬季，在春天获救。

这栋房子的建造任务，如果没有建筑师的具体规划就无法完成。建筑师把自己的想法具体地表现在蓝图上，再依照蓝图完成建造。在上述故事中，当初大家对能不能建好房子充满疑虑，没有达成共识，所以谁也不想付出劳动。等到建筑师为大家清晰地描述出目标后，工作顺利完成。建筑师无疑是团队中当之无愧的领袖。

对于任何事业来说，在鼓励下属为你打拼之前，作为领导者应该有一个明确的目标，并且为每位下属制定定性且定量的目标，让下属的激情与能力能够有的放矢。如果领导者不能为下属制定出具体的目标，他们就会因迷惑而自乱阵脚、丧失斗志。

商 业 真 经

04

演说篇：
在短时间内提升企业影响力

一个人在人群中的影响力，与他的公众表达力是成正比的。尤其对于企业家来说，懂得公众演说，能为自己的品牌进行强有力的加持。

许多优秀的创始人，都是演说高手。没有哪一项技能，像演说一样，能够通过一次短暂的表达，就得到上百人、上千人的支持。

古往今来的领导者们，都非常擅长运用一种具有"神秘力量"的技能，于关键时刻扭转乾坤。

这种技能叫作"公众演说"！

时至今日，公众演说所创造的奇迹依旧在上演。

有研究者指出，发生在成功人物身上的奇迹，至少有一半是由口才创造的。

精彩的演说有一股魔力，拳头可以打断一个人的肋骨，而演说可以穿透一个人的灵魂。

可以说，公众演说是终身受用的技能，是一辈子的财富！作为企业领导者，公众演说能力必不可少！

本章将为你分享演说的五大方法，让你提高公众演说能力和语言沟通技巧，以"四两拨千斤"的力量，驱动你的企业前行。

为什么优秀的领导者都热衷于公众演说

2017年,锤子科技在深圳举行春季新品发布会,场上座无虚席。罗永浩在发布会上的演讲幽默诙谐。演讲赋予罗永浩的个人魅力,让他把一场手机发布会包装成了一场有思想、有包袱的单口相声表演。

罗永浩非常重视公众演说能力,他曾经说过这样一段话:"为什么能力出色的你,每次在公司管理层在场的会上汇报工作时,都表现得像傻子一样?这是你希望的结果吗?找一份工作,招揽一笔生意,寻求一项合作,吸引一位异性,推销一款产品或推销一次自己……你常常只有几分钟到几十分钟的时间,不靠提前锻炼好演讲能力充分表现自己,指望对方'用更多的时间慢慢了解'你吗?你以为你是谁?会演讲的人比一般人成功的机会多两倍甚至N倍!"

"通天塔"的故事,讲的是洪灾之后,诺亚方舟上留下的人类说的是同一种语言,顺畅地交流使人类能够齐心协力做大事。

有一天,他们竟然想修一座通天塔与上帝见面,上帝当然不能容忍人类这样做,他知道人类之所以有如此大的创造力,是因为说的是同一种语言,于是他让人类的语言一夜之间变得五花八门,人们再也不能通过语言相互沟通和协作了,建通天塔的工程自然也就废止了。在西方的传说中,语言具备"通天的能力"。

人类的沟通有两种方式，一是文字，二是演说。在文字被创造出来之前，人类只有一种沟通方式那就是演说，因此，伏羲氏作为中华民族最早的"王"，通过演说，他教人民做网用于渔猎，提高了人民的生产能力；教人民驯养野兽，这就是家畜的由来；他倡导男聘女嫁的婚俗礼节，使血缘婚改为族外婚，他通过演说将文明普及开来。

根据古罗马史学家塔西佗创作的《编年史》记载，在掌权的皇帝中，尼禄是第一个需要别人写演说辞的皇帝。就是说，之前的皇帝都是很擅长演说的。事实上，罗马帝国的早期皇帝虽然都是军人出身，但都饱读诗书，具有杰出的口才和卓越的写作才能。为什么呢？因为他们必须经常向元老院、士兵乃至民众公开演说，以提高威望和赢得支持。

要想荣登高位，得有卓越的演说能力，以得到幕后集团的集体支持——古罗马问鼎最高权力的路径，一直影响着西方世界。时至今日，在西方国家，演讲依然是总统选举的重要方式。克林顿、奥巴马等总统，无不是演讲高手。

政界的这种操作模式，也影响了商界。杰出的商业领袖都很重视演说能力，希望通过演说获得投资者的支持。

为什么马云可以缔造阿里巴巴？为什么俞敏洪能够打造综合性教育集团新东方？因为他们凭借公众演说吸引人才，心怀使命，以行践言，传递梦想和希望。

拳头可以打断一个人的肋骨，而演说可以穿透一个人的灵魂；一句话可以兴邦，一句话也可以灭国；一句话可以救人，一句话也可以杀人。这些都是演说的力量！

阿基米德说："给我一个支点，我可以把地球撬起来。"公众演说就是一个能撬动地球的支点。

那些改写人类发展史的人物，通过演讲，把话说出去，把心聚拢到一起，大家为了共同的理想努力奋斗，不惜牺牲生命。

我虽然没有上过多少学，但从小就有一种英雄情结。我知道自己或许做不了力挽狂澜的大英雄，但至少我可以像个英雄一样去演说，用舌之剑去影响更多人。是演说，实现了我的英雄梦想。

语言的力量

古人云："一言可兴邦，一语可误国。"语言的力量是巨大的，它比武器还要有力。一言之辩重于九鼎之宝，三寸之舌强于百万之师，演说可以兴邦，也可以灭国。

西汉文学家刘向编的《战国策》里有一篇《东周欲为稻》的文章，里面记载了一个故事，说，东周想种水稻，西周不放水，东周为此而忧虑，苏秦就对东周君说："请让我出使西周说服放水，可以吗？"

于是苏秦去拜见西周君，说："您的主意打错了！如果不放水，反而使东周有了致富的机会。现在东周的百姓都种麦子，没有种其他东西。您如果想坑害他们，不如突然给他们放水，去破坏他们的庄稼。放下了水，东周一定又改种水稻，种上水稻就再给他们停水。如果这样做，那么就可以使东周的百姓完全依赖于西周而听命于您了。"西周君说："好。"于是就开始放水。苏秦因此得到了两国的赏金。

《左传》中《曹刿论战》有云："一鼓作气，再而衰，三而竭。"这里所说的"气"就是指士气，士气在战争中十分重要，在两军兵力差不多的时候，是要靠士气取胜的，在以少胜多的战役中，除了计谋，还要靠士气。而鼓舞士气的最好工具就是演说，正因为如此，主帅在军队出征前的誓师被视作最重要的仪式。

20世纪30年代，美国面临前所未有的经济危机。面对举国上下的绝望，罗斯福在其就职演说中谈到，首先请让他表明他的坚定信念："我们唯一不得不恐惧的就是恐惧本身———一种莫名其妙的、丧失理智的、毫无根据的恐惧，它把人转退为进所需的种种努力化为泡影。"他充满正能量的演说，给国民注入了强心剂。

　　二战时期，当德国纳粹耀武扬威的时候，丘吉尔发表了名为《少数人》的著名演讲，铿锵有力的公众演说让军心大振，民众大受鼓舞。

　　纵观古今中外，以演说推动社会变革、社会发展的例子不胜枚举。关键时刻，领袖或将帅的演说可以起到提振士气的效果，在生死存亡之际能起到力挽狂澜的作用。

　　这也是企业领袖在危急关头站出来发表讲话的原因所在。公司就是企业家的领土，企业家在平时可以低调，但是关键时候一定不能低调。任正非被媒体形容为最低调的企业家，他很少接受采访，但是华为一旦遇到危机，任正非的内部讲话就会迅速传遍全网。

一句话可以救人，也可以"杀人"

民间流传着一个关于纪晓岚的故事。

一次，正值炎热的夏季，纪晓岚赤着上身在翰林院指挥手下人编《四库全书》。乾隆皇帝突然驾到，回避不及，纪晓岚便钻进了桌子底下，他以为有桌布挡着，不会被看到。

不料乾隆早已洞悉一切，并示意手下人不要讲话。天气太热，纪晓岚受不了，听着外面没有动静，以为皇帝已经走了，就伸出头来问："老头子走了没有？"乾隆给他来个照面，并质问："你为何称朕为老头子？说不出理由，朕不饶你！"

纪晓岚急中生智："皇上是万岁爷，故称老；皇上是万民之首，故称头；皇上是真龙天子，故称子。所以，'老头子'是三合一的尊称。"乾隆听后，龙颜大悦。

在古代，帝王一言九鼎，一句话能决定一个人的生死。如果没有纪晓岚这般伶牙俐齿的好口才，在皇帝身边做事可是随时会掉脑袋的。时至今日，说错话虽然不至于掉脑袋，但很可能掉钱袋。很多企业家吃过说错话的大亏，轻则形象受损，重则财富蒸发。

在看到一位创业者自杀的消息后，前知名央视主持人、优米网创始人王利芬写了一篇关于此事的文章。之后，她在自己拥有数百万粉丝的微博上说:"今天早晨起来发现我在王利芬公众号的文章(的阅读量)达到了 10 万+……我的微信公众号文章从未达到 10 万+,努力皆有可能……先高兴一下。"还配上了一张自己开怀大笑的照片。她的这条微博瞬间遭到网友"围剿",虽然她很快删掉了这条微博,但多年积累的好形象一下子大打折扣,网友纷纷批评她没有悲悯之心。

当当网联合创始人李国庆因为在微博点评刘强东明尼苏达事件时发表"婚外性低害论",被批藐视法律和挑战道德底线。

说话是一门艺术,说得好,可以救人;说得不好,可能就要付出沉重代价。在这个信息化的时代,企业家作为公众人物,一定要谨言慎行,要记住,你说话的时候代表的不只是你个人,还有你的企业和员工。

公众演说是吸引顶尖人才最快的方法

"致天下之治者在人才",人才是成功的保证。古今中外,治国也好,治企也罢,得人心者,方能得天下,而失人心者,必然失天下,这是一个谁也否认不了的真理。

马云开创阿里巴巴之前,只是一名普通的英语教师,但是纵观阿里巴巴的发展史,马云的口才效应无处不在。

1999年,马云创办了阿里巴巴,为了让公司发展得更好,马云到各个大学去做演讲,到电子商务网络会议和论坛上宣讲他的B2B模式。极具辨识度的长相、极具煽动性的口才和超前的商业思想,让马云和阿里巴巴有了超强的曝光度和知名度。很快,客户被吸引了过来,投资人也主动找上门了。流传甚广的一个说法是,马云仅仅用了6分钟的讲述,就获得孙正义2000万美元的投资。

在创业时期,资金还不是最大的问题,马云最头疼的是人才问题。不过,凭借他厉害的口才,人才也纷纷被吸引了过来。获得美国耶鲁大学法学院法学博士学位、时任 InvestorAsiaLimited 副总裁及高级投资经理的蔡崇信,在与马云进行一番交谈后,从公司辞职,加入了阿里巴巴。马云是如何说服蔡崇信的,外界无从知晓,但是效果实在太明显。蔡崇信的加入,带动了更多人才的加入。

后来，阿里巴巴并购雅虎中国的时候，马云又"故技重施"，收服了雅虎的高级人才。当时，雅虎的人才很不愿意"臣服"新东家，加上外有猎头不断挖角，阿里巴巴面临收购一个"空壳"的危机。这时候，马云召开和原雅虎中国员工的正式见面会。

他在这次会议上发表了后来在网络中广为流传的演讲，他说："世界上很多非常聪明并且受过高等教育的人无法成功，是因为他们从小就受到了错误的教育。很多人记得爱迪生说的那句话吧，天才就是99%的汗水加上1%的灵感，他们勤勤恳恳地奋斗，最终却碌碌无为。"

这次另类的演讲，让原雅虎的人才看到了一个有趣的老板和一个有意思的公司。面对猎头开出的高薪，雅虎中国的高层团队全部留下了，且全公司的离职率仅为4%。

曾三次担任美国国务卿的丹尼尔·韦伯斯特说过："如果有一天上天将把我的全部天赋和能力夺走，而只让我选择其中一样保留，我会毫不犹豫地要求将口才留下，如此一来我便能够快速恢复。"有了人才就会拥有财富，而企业家有了口才就会吸引到人才。

公众演说是吸引和留住顶尖人才最快的方法。一场公开演讲可能为企业吸引到成百上千个人才，关键时刻的一场演讲可能为企业留住大批的人才。

公众演说是建立影响力最有效的方法

丘吉尔曾说:"一个人可以面对多少人演讲就代表这个人今生成就有多大!"过去是行家一出手就知有没有,如今是一开口就知道有没有。现在的时代是影响力的时代,而公众演说是建立影响力最有效的方法。

古今中外深具影响力的成功人士都是善于公众演说的超级说服力大师。商界领袖凭借非凡的公众演说魅力,可以创造奇迹。

2015年12月31日,"得到"App创始人罗振宇在北京水立方举办了一场名为《时间的朋友2015》的跨年演讲,由优酷同步直播。为了这次演讲,罗振宇联合百余位业界大咖与资深媒体人组成的智囊团,死磕数月。这场精心准备的演讲一炮而红。

罗振宇在这次演讲中盘点了该年度最热的几个话题,互联网恐慌、资本寒冬、"妖股"、O2O大战、IP、互联网公司发展等,吸引了无数人的眼球,很多人在看了他的演讲之后,表示"路转粉"。在《时间的朋友2015》演讲前近一个半月的时候,"得到"App就已经上线了。罗振宇通过这场演讲不仅提升了个人的名气,更实现了为"得到"App引流。

卓越的公众演说能力,会让企业家受益无穷。在上我的课之前,很多企业领导人会感慨,他们的企业平台不错,有战略,有目标,有团队,可为什么做什么都不行呢。我会毫不客气地向他们指出,很多问题出在老板自己身上，因为老板的战略、目标，仅仅说服了自己，而没能说服团队上上下下。为什么？

因为老板的公众演说能力不尽如人意。正如古希腊政治家伯里克利所言："人若能于某事某物形成自己的见解却无法将其阐明，这见解也不过是枉然。"老板要有能力将自己的战略、目标，清晰地传达给员工，企业才能真正前进。

一份名为《中国企业家生存报告》的蓝皮书指出，公众演讲带来的压力已经成为当前影响中国企业家生活品质和事业提升的关键问题。当前中国80%的老板不会演讲，或者说不敢演讲，这已经成为制约企业发展和人生品质提升的重要障碍。

如今，越来越多的企业家跟随我学习公众演说，他们深深明白，总裁的形象等于企业的形象，总裁的影响力等于企业的影响力。老板学会了公众演说，就等于给企业发展做贡献。

公众演说是领导力的极致体现

为什么很多企业家到一定阶段就带不动企业？因为缺乏领导力，缺少领导权威。全球颇具影响力的领导力大师詹姆斯·库泽斯和巴里·波斯纳给领导力做了这样的解释："领导力是动员大家为了共同的愿景努力奋斗的艺术。"如何动员人呢？这就需要领导者有足够的表达能力，即演说能力。

伟大的人物都是一流的演说家，企业领袖人物都善于演讲，是因为他们知道演讲的巨大引力，同时他们也都用心讲话。

"讲话"的学问很大，我认为讲话有以下 3 种类型。

告知型

这种讲话只是单纯地说明问题，说完就结束了，犹如一阵微风吹过，没有留下任何痕迹。

娱乐型

这种讲话有趣有益，就像郭德纲的小品一样，让人听完心情愉悦、精神放松。

说服型

这种讲话充满力量,让听者热血沸腾,听完就会马上采取行动,做出改变。

伟大的领袖都是"说服型"的讲话者,他们是真正"会讲话"的人,他们的话会把所有人讲得热血沸腾,然后主动承担责任,全身心地投入工作。

熟悉苏宁电器的人都知道,苏宁电器成立后,很快就超过了老对手国美,成为行业老大。苏宁员工则一路披荆斩棘,与对手在激烈的市场竞争中角逐,不放弃任何一个契机。苏宁团队一直表现出强大的战斗力,这种战斗力的产生与张近东的领导力是分不开的,而张近东的领导力的主要体现就是他的演说能力。

据统计,张近东每年至少要开200个内部会议,一般会议平均2个小时,长的会议要开7~8个小时。每次会议,他都会进行至少一次公开演说。在演说中,他除了指导工作,更多的是鼓舞士气,感召员工拼搏、奋斗。

> 苏宁的发展不是追求寡头垄断,我们希望带动整个社会的发展,市场上不可能只有一家企业,一花独放不是春,百花齐放才是春。在竞争中,竞争对手推动企业自身不断发展。
> 今天我们已经成为一个领导者和领先者,也成了模式的引领者。对苏宁来说,我们不是要挑战自我,我们要超越自我。

这些话语为苏宁上下指明了方向,明确了目标,点燃了激情,让大家持续奋斗下去。

据资料表明,领导者实施领导活动,90%以上要通过语言。换句话说,领导者的语言表达能力直接影响着领导者的工作成效,其中,公众演说能力更是领导力的极致体现。

为什么有些企业的平台、战略、目标、团队都不错,却还是不成功呢?很多时候问题出在领导人身上,他的战略、目标仅仅把自己说服了,却没能把团队上上下下都说服。说服了团队,才有了成功的基石。

公众演说可以让人快速成长

废掉一个人最好的办法，就是让他待在舒适圈；而成就一个人最好的办法，就是让他去学习演讲。公众演说可以让一个人快速成长，因为学习公众演说的过程中，不仅要走出舒适圈，克服自己的恐惧，改掉自己的陋习，还要主动去学习很多东西。一个人从被动到主动就是成长的开始，主动精进越多，成长就越快。

说到演说所产生的奇迹，我的公司里就有一个活生生的案例。10多年前，严华是个沉默寡言、内向到走路都不敢抬头的小女孩。整个高中3年，她很少和同学交流，只和班主任有过一次对话，老师问："严华，我从来就没有见你走路抬起过头，为什么？"她听后除了沉默不知道该怎么回答。

严华出生在安徽农村，考上城里这所重点高中以后，她才第一次踏入城市，面对五光十色的城市生活，她有点"眩晕"。城里的孩子们穿着潮流服装，个个打扮得漂亮又时尚，在校园里随处嬉戏玩闹。而穿着打扮朴素的她，像个丑小鸭一样，加上满口农村方言，怎么好意思抬头走路、与人交谈呀？就这样，在原本应该美丽绽放的花季，她把自己封闭了起来，这种封闭带着无限的自卑。

后来，严华考上了大学。大学的生活相比高中更加精彩，学习任务没那么繁重，学校会定期组织很多有趣的活动来锻炼学生的综合能力。在学习方面，严华并没有放松自己，她学习能力很强，各科成绩都很优秀，连续4年都拿到了奖学金，这点她很骄傲。

然而毕业找工作时，她受到当头一棒：耀眼的成绩单，竟拼不过同学们的能说会道。此时，她便下定决心改变自己。她放弃了让她在实验室度过了4年的生物技术专业，投身保险行业。在这里，她每天都在想一件事情：开口和陌生人对话，尝试把手里的产品介绍给更多人。

每天早上7点出门，晚上10点后回家，严华独自骑着自行车，两个月里，风里来雨里去，而她不觉得苦。在商场、写字楼、广场……她随时都可以和周围的人打开话匣子，顺其自然地聊到自己的产品。接触不同的人和事，坦然地和这些人去沟通，是她十分喜欢的事情。

经过锻炼的严华，快速成长起来，当她站在同学和老师面前侃侃而谈的时候，每一个人都为她的变化感到吃惊，而她用自己的努力换来的收入，也令同学们很惊讶。一下子，就有5个同学加入她的团队。

后来，与陌生人打交道多了，严华对自己的口才越来越自信，深思熟虑后，离开了保险行业，踏上了演讲的舞台。如今，面对大讲堂里上千名听众，她能自信地站在讲台上，口若悬河地讲解企业管理的策略。通过当众演说，严华不仅摆脱了自身自卑、内向的性格，还用自己的行动影响、帮助、改变了更多的人，绽放出自己的魅力。

公众演说为什么可以让人快速成长呢？

在成为演说家之前，首先要听大师演讲上千次。聆听演讲是很好的学习过程，进行公众演讲史是很好的学习过程。

如果你想给别人一滴水，必须先要有一碗水；如果你想给别人一碗水，必须先要有一桶水；如果你想给别人一桶水，必须先要有一缸水。

在教别人之前，我们首先要有足够的知识储备；在演说前，要不断地学习、复习、准备。因此，演说本身就是成长，演说的时候就是我们成长最快的时候，不断地教别人，就会不断地成长。

公众演说可以使利润倍增

过去营销是一对一，现在营销是一对多，一对多是业绩暴涨的关键，一对多是收入倍增的法宝。而老板发表公众演说，就是一对多的沟通、一对多的说服、一对多的谈判、一对多的营销。

众所周知，全球排名第一的连锁超市叫沃尔玛，沃尔玛如今在全世界已经有几千家门店，如果给店长、经理开会，哪怕一天飞一个城市，要把这几千家门店走完，也要花10年以上的时间。但是，如果将这几千家门店的店长、经理召集起来，面对他们发表演说，那么，一天就可以完成10年都做不完的事情。

穷人跟钱赛跑，富人跟时间赛跑，时间就是生命，效率就是金钱。学会公众演说，可以提升效率。不仅如此，公众演说更是用1个人的力气做100个人的事情，创造1万倍的利润。如果你还认为拿单成交是业务员干的事情，代表你还不是一个称职的老板。

近年来，企业家亲自上阵演讲卖货成为商界流行，新品发布前老板披甲上阵来一波推介会屡见不鲜。一些企业家靠谈科技来卖产品，比如乔布斯、雷军；一些企业家靠论情怀来推产品，比如罗永浩、陶石泉；一些企业家则靠说焦虑来卖产品，比如罗振宇。无论采取什么样的推销理念，都离不开高超的公众演说能力。

懂演说的人很多，但透过演说能做到一对多成交的并不多。每次演讲，雷军都会谦虚地说："又要演讲了，我很紧张。""我是自杀式演讲。""我的口才不如马云，声望不如乔布斯。"……但是，自2010年创立小米开始，雷军就从幕后走向台前，为自家产品站台，受邀出席各种论坛，他发表过的演讲在数量上都快要赶超马云了。

他用朴实、真诚、接地气的方式，收获了一拨又一拨粉丝。雷军每发表一次演说，小米发布会的热度就会上升一次，人们对小米的期待几乎到达了顶峰。从卖货的角度来看，雷军才是真正的演讲高手。

因此，老板不要惧怕当众演说。当众演说拼的不单纯是语言组织能力，而是你的综合实力，你的为人、个性、阅历都会为你加分。人们最终埋单不仅是因为你的语言，更多的是你在演讲过程中展示出来的个人品牌。

有感觉地讲话，讲有感觉的话

有真感情才是好文章，演讲亦是如此。一段演讲，若没有感觉，便只是空洞的文字堆砌；一段演讲，若不是发自内心，便只是抽象的场景描述。在演讲中，我们要注重演讲技巧，更要注重我们所讲的故事是否有感觉，因为有感觉才能打动听众。

美国有线电视新闻网著名的脱口秀主持人拉里·金，被美国前总统奥巴马称为"广播界的一名巨人"，他是美国公认的主持奇才，在主持《拉里·金现场》的25年间，他共采访过上至总统、下至平民等5万余名社会各界人士，在世界广播电视界创下了主持"同一频道、同一时间、同一节目"最长的历史纪录，堪称世界广播电视谈话节目发展史上的传奇。很多人不知道的是，拉里·金在第一次做电台主持时，他的表现并不像他后来那样好。

"早安！这是我第一天上电台，我一直希望能上电台……我已经练习了一个星期……15分钟之前他们给了我一个新名字……刚刚我已经播放了主题音乐……但是，现在的我却口干舌燥，非常紧张。"拉里·金结结巴巴地说了一长串，却还没进入主题。这次播音结束后，拉里·金觉得，"这个节目完蛋了"，可出乎他意料的是，听众并没有因为他的紧张而厌恶这个节目，而是纷纷表示，他的节目很真诚。

"只要能说出心里的话，人们就会感受到你的真诚"，拉里·金慢慢地摸索出了这个道理，并一直坚持运用到他以后的工作中。后来，拉里·金写了一本有关沟通秘诀的书，书名叫《如何随时随地与任何人聊天》，他在书中强调了这样一句话，"投入你的情感，表现你对生活的热情，然后，你就会得到你想要的回报"，这是拉里·金在奋斗的道路上所体悟出来的成功秘诀，它也是每一位用心经营自己的人最为有用的成功指引。

在公众演说中，很多人不喜欢直接表达自己的情感，他们觉得，对讨厌的事情表现出愤怒，对高兴的事情表现出欣喜，会失去自己在听众心目中的权威。其实，事实截然相反，"感同身受"是人心与人心之间联系的纽带。

如果你有意识地将情感加入你的表达，听众会觉得你不刻意、不做作、更真诚，听众将更容易且更乐意接受你的观点。当演讲激起了情感的共鸣，你的观点就真正地进入了听者的心里。

印度首任总理贾瓦哈拉尔·尼赫鲁之女甘地夫人，有过两次截然不同的演讲经历：一次是她在英国学习时，应邀参加一次会议。会上，英国国防部部长突然当众宣布请她讲话。她毫无思想准备，惊恐万分，只得在哄堂大笑中结束了她前言不搭后语的"演讲"，并发誓今后不再在公众面前讲话。

另一次是在南非，东道主要她在招待会上演讲，她执意推托说："不行，我一句话也不准备讲。"招待会定于下午4点举行，整个上午，甘地夫人参观非洲铁路工人生活区，铁路工人生活艰苦的情况深深地触动了她，让她有了非一吐为快不可的冲动。当主持人宣布"尼赫鲁小姐不讲话"时，她居然自己上台滔滔不绝地讲了起来。这次有感觉的演讲非常成功。

有感觉地讲话，讲有感觉的话，有感觉才有杀伤力。每个人都听过这样或那样震撼心灵的话语，这些话激励你前进、成长、蜕变。

公众演说的核心在于帮助

戴尔·卡耐基是演说界的泰斗。在大学期间，戴尔·卡耐基发现名望最高的人多数是足球或棒球运动员，此外还有在辩论和演讲比赛中获奖的人。卡耐基知道自己缺乏运动天赋，于是决心在演讲方面出人头地。为此他做了好几个月的准备，在马背上练习，甚至在挤牛奶时也不放弃。

大学毕业后，卡耐基开始给一些成人大学上函授课。他投入了大量的激情和活力在这项工作中，然而事业却没有丝毫进展。他有些失望，有一次他在大白天竟然躺在宾馆的床上痛哭流涕，这时的卡耐基对生活的前景充满了彷徨和迷惘。

他历经周折，从事过推销员、演员、作家等各种工作来维持生活。后来，他回顾过去，发掘自身的优势，并竭尽全力说服了纽约基督教青年会，让他在夜校为当地的商业界人士开设一门演讲课。结果，他成功了。

卡耐基课程的规模越来越大，他声名远扬，并当起了巡回演讲训练导师。他经常穿梭于美国各州，后来又到了伦敦和巴黎。卡耐基所教授的东西正是无数美国人渴求的东西。

有许多前来听讲的人已经30多年没有进过教室，大部分人的学费是分期付款的，他们来上卡耐基培训班的目的就是要获得结果，而且要很快地获得。卡耐基这么受欢迎，根本原因在于他的课程确实能够帮助他人。

演讲等于帮助。行为心理学认为，任何人做任何事情，都存在一定的动机，也就是说当一个人做出某种行为的时候，是有所图的，无论是有意识的还是无意识的，每个行为的发生都是有一定理由的。就有报酬的听演讲来说，一群人肯花金钱和时间去听另外一个人做演讲，肯定有其认为值得的理由。

每一位听众，当他决定掏钱去听的时候，肯定是抱着一个念想而去，他希望演讲者帮助他解决一个困惑或者对他所关心的某个问题有着真知灼见。所讲的内容对听众越有用，演讲者就越有价值。

有一位著名演讲学者曾应邀到旧金山，向一家公司的80位分公司经理演讲，题目是《如何消除演讲紧张？》。他在登台前上厕所。一位女士瞄了一眼他的胸卡，问道："教授，您是不是很紧张？"

"哪里，我有10年的演讲经验。"

这位女士说："那您为什么进女厕来？"

这个笑话告诉我们，演讲前紧张是很正常的事情。有过公众演讲经历的人都知道，很少有人能心情平静、信心十足地登上演讲台。那么如何克服演讲前的紧张呢？

有人在课堂上问我这个问题。我反问他："你紧张什么？"他说："我担心他们不听我讲，不喜欢我的演讲。"我正式回答他："听众之所以会喜欢我们的演讲，核心在于我们的演讲对听众是有帮助的，所以公众演讲的终极目的不是炫耀自己，也并非更好地证明自己有多么的厉害，而是发自内心地帮助听众，因为演讲等于帮助！"

下次当你上台前感到紧张的时候，对着镜子对自己说：我是来帮助大家的，我有什么不好意思呢？

好的演讲都是练出来的

用什么样的策略来演讲更有效？分享两大秘诀：（1）好的演讲都是练出来的；（2）伟大的演说家都是从免费演讲讲起。

我可以负责任地告诉大家：历史上一切口若悬河、舌灿莲花的演说家，一切口齿伶俐、善于应酬的交际家，都不是天生的，都是经过后天不断努力的，这需要自信、勇气和坚持不懈的训练。演讲和天赋没有任何关系，只要肯训练，谁都有可能成为演说家。

古罗马雄辩家西塞罗在最初演讲时，曾感到自己"脸色苍白，四肢和整个心脏都在颤抖"。美国演讲家詹宁斯·伯瑞安说，当他第一次站在讲台上面对听众时，他的"两个膝盖颤抖得碰到了一起"。马克·吐温第一次站起来演讲时，"觉得嘴里像塞满了棉花，脉搏快得像争夺金杯时的百米赛跑"。

而政治家路易·乔治则说："我第一次试着做公开演讲时真是陷于难堪之境。绝不是夸张的形容，完全是真的。我的舌头抵在嘴的上膛，我竟说不出一个字。"丘吉尔第一次在议会发表演讲时，栽过一次大跟头——当他讲到一半时，突然忘记了下文，怎么也想不起来了，憋得面红耳赤，只好中断演讲，尴尬地回到自己的座位上。

好的演说家都是锻炼出来的。即使一个笨嘴拙舌、不敢面对群众讲话的人，只要肯努力实践、刻苦学习，并且把演讲与事业连在一起，是完全可以成为很好的演讲者的。

一个内向的人，看起来不会演讲，可如果他非常重视平时的知识储备，那么等有机会登台的时候，他很可能会成为大演说家。微软总裁比尔·盖茨是个内向的人；华为总裁任正非也是个内向的人；联想集团总裁杨元庆说说话充满着不自信，也是个内向的人……这些内向的人，在关键时刻都是演讲高手。

英国前首相丘吉尔口才非常好，但他曾是一个性格内向的人，在学校不爱讲话，一讲话就结巴脸红。丘吉尔为了训练演讲能力，每天天不亮就到海边大声背诵经典演讲词。

哈佛大学教授布赖恩·利特尔，是个心理学家，也是演讲家。他每次演讲都是座无虚席，吸引了校园内外的很多人来听讲，人们总是鼓掌希望他多讲一会儿。熟悉利特尔教授的人都知道，他其实是一个非常内向腼腆的人。与友人聚会时，他经常借口透透气，一个人躲在大厅外，对着夜色数星星。

甘地在伦敦大学学院学习法律时，有一名叫威尔逊的教授特别不喜欢这个有些寡言的学生，于是经常拿他开涮。久而久之刺激得甘地发奋起来，他发誓要练好口才。后来甘地十分努力，经常在公园里人多的地方练胆量，口才迅速提升。

口才是可以练出来的，但需要你付出努力。杰出的演讲家萧伯纳谈到自己训练口才的经验时说："我让自己一个劲儿地出丑，直到熟练为止。"

2006年11月15日，我被正式调入上海分公司，任培训总监兼研讨会讲师。业绩有了起色后，我便立志要成为一名演说家。为了成为一名演说家，我为自己制订了"面对黄浦江演讲101天计划"——这连续的101天里，无论刮风下雨，我都要坚持每天面对滔滔黄浦江练习演讲两小时！

为了能更有效地实施这个计划，我退掉了在大华新村的住所，在公司附近找了一间出租屋。虽然这间屋子只有8平方米，又老又旧，没有独立的卫生间，很嘈杂，每月租金还要1000元，但这里离公司近，离黄浦江也只有3000米远。

从搬过来的第二天起，我人生中飞速成长的101天便开始了。早上6点，做完101个俯卧撑，带上一本书，跑步3000米，穿过长长的外白渡桥，便来到了黄浦公园的外滩广场。广场上已经有三五成群的游人和一些晨练者了，我在江边找到一个最开阔的位置，面对着波光粼粼的江水，清一清嗓子，先练声10分钟，再读书10分钟，然后便开始演讲。

一边演讲，一边辅以手势，我很快便进入了状态，仿佛江上那层层的波浪就是一排排的座椅，那在水波上跳跃着的点点阳光就是一个个鼓掌的观众。我的肢体语言越来越丰富大胆，演讲的声音越来越大，越来越高亢，仿佛要随着那滔滔江水流向遥远的天际，流向宇宙……

我讲完一段，蓦然回首，发现自己的身后已经站了不少人，远处晨练或步行的人也纷纷停下来，向我的方向"行注目礼"，一时间，几十道或好奇或惊讶的目光射向我。虽然在讲台上已经"身经百战"，但在这种场合，我的脸还是不自觉地红了，心中如闯进了一只小鹿，咚咚咚咚跳起了踢踏舞。这正是我想要的锻炼效果！我向众人笑了笑，转过身，深吸一口气，继续演讲……

在那101天里，我除了风雨无阻地去黄浦江边练习演讲，还会到各个企业，给企业员工做培训，与不同的企业家交流。每天不是面对黄浦江，就是面对企业家，我的思想与能力飞速进步，演讲功力大增。

不经一番寒彻骨，哪得梅花扑鼻香？好的演讲都是练出来的，我相信所有的一切都是努力练习的结果。

伟大的演说家都是从免费演讲开始

  伟大的演说家都是从免费演讲开始的,免费是为以后的昂贵蓄积力量。我时时勉励自己:把所有的不快留给昨天,把所有的希望留给明天,把所有的努力留给今天。走到生命的哪一个阶段,就应该喜欢哪一段时光,完成那一阶段该完成的职责。保持微笑,珍惜美好年华。别人拥有的,不必羡慕;只要努力,时间都会给你。要像水一样,保持坦荡,有容乃大。

  2004年,我踏上了免费演讲之路,那时候的我骑着一辆破自行车,去绵阳的多所学校推销自己的演说,而且跟学校说是免费公益演说。

  我以为,免费去给同学们演讲,学校一定会欣然接受。然而,我跑了几十家学校,没有一家学校愿意让我演讲。

  他们问:"你讲的主题是什么?"

  我说:"迈向成功之路。"

  他们说:"讲成功?还是等你成功之后再来现身说法吧!"

  这样的拒绝,我不记得经历了多少次。终于,两个多月后,我用整整跑了10趟校长办公室的执着感动了绵阳创业学院的校长,校长答应给我一个演讲的机会。

  就是这样一个演讲也前后更改了3次时间,前两次因为学校临时有活动取消了,最后一次约定演讲的上午,突遭狂风暴雨,学校打来电话准备取消演讲，下次再约。但我恳切而斩钉截铁地说："不，不能取消，我们已经约了3次了。这次不管多大的雨多猛的风，哪怕是下冰雹，我也要如期演讲！"

听到我如此坚定的声音，对方犹豫了一下，说："好，那就还按原计划准时开始！"

那是我人生中第一场校园演讲，也是我人生中的第一场免费演讲。随后，8个月时间里，我在各高校、企业做了640场免费演讲。再后来，有一家我以前做过免费演讲的公司打电话说想请我去给他们做一天的演讲，问我怎么收费，经过一番沟通，最后定为400元一天。

后来，生命仿佛打开了一扇窗，好运如春风扑面而来，以后的演讲费从400元到600元，到1000元，到5000元、1万元、3万元、10万元、30万元……但让我感到骄傲的并非演讲出场费的飞速增长，而是我的演讲功力的飞速成长，我演讲所产生的影响力也越来越大。

运用演说工具，增强演说气场

《荀子·劝学》曰："登高而招，臂非加长也，而见者远；顺风而呼，声非加疾也，而闻者彰；假舆马者，非利足也，而致千里；假舟楫者，非能水也，而绝江河。君子生非异也，善假于物也。"

这句话的意思是：登上高处招手，手臂并没有加长，但更远的人也能够看得见我；顺风呼喊，声音并没有更加洪亮，听见的人会觉得更清晰；坐车骑马，不是靠人的脚走得快，可是能达千里；行舟划船，靠的不是善于游泳，可是能渡过江河。君子不是生下来就有什么不同，只不过是善于借工具使力。

工具到位，则四两拨千斤。演说也不例外，精心准备的道具可以让演讲更加引人入胜。

道具在演说中怎样发挥作用呢？我们都知道，演说是由一个主论点和若干个分论点构成的，观点有时候很抽象，使用道具就可以使之形象化，让听众能够用看得到的方式理解。道具还可以加深听众的记忆。对一般人而言，看到的事物往往比听到的事物更容易长驻心中，如果能够使听众接触到或者直接操作道具，那就更容易在他们心中留下深刻的印象。

除此之外，道具还能够起到调节气氛的作用。尤其是高密度输出的课堂，时不时运用一下道具，可以缓和一下气氛，放松一下神经。

那么，演讲需要准备怎样的道具呢？依据我个人的经验，演讲可采取6种方式，即文字、图片、图文并茂、视频、现身说法和背书。

1. 文字

文字是演说的第一工具，也是最基础的工具。没有文字就没有内容，你的演说就是空洞的。在演说的过程中，一段发人深省的话语能震撼人的心灵，带给听众极大的刺激。不过要注意的是，演说过程中呈现出来的文字一定要简洁、一目了然，千万不要把你所有演说词都呈现给听众，如果听众的关注点放在了阅读文字上，就很难再分出精力听你的演说了。

另外，演说者要保证文字大小适中。怎样才算适中呢？如果你走到房间的最后面，也就是在你演说时观众坐得最远的位置，能够轻松看清这些文字，那就是适中。对于需要听众重点注意的文字，可以用不同颜色或者通过画圈等方式强调，这样可以让观众更容易看到内容突出的地方，也能让你演说时更容易找到重点。

2. 图片

跟文字相比，图片更形象、更直观，图片利用得好，可以为你的演说加分。在演说的过程中，使用的图片一定要与你的观点相关，不要为了放图片而放图片，图片一定要选择好，并且风格要与演说内容相协调。比如讲低碳环保、绿色节能等话题，在演示文稿时如果使用绿色的背景图片，就会在一定程度上与内容相呼应，这样的演说无疑会比较精彩。同文字一样，在使用图片时，演示文稿时一般一次只放一张图片，如果放太多图片，会让人一下子接受不过来，反而影响演说的效果。

3. 图文并茂

文字与图片相结合，同时发挥文字的想象力和图片的直观性，在演说的过程中，这种结合方式能起到很好的辅助作用。不过，这里使用的图片一定要适合主题，并且视觉冲击力要强，匹配的文字一定要足够简短。另外，在有数据需要展示时，最好不要用文字，而是通过表格、柱形图、折线图或是饼状图等展示出来，它们比文字更清晰易懂，能大大增强演说的效果。

4. 视频

视频能够从视觉、听觉两方面带给人刺激，冲击力更强。同样的道理，所选视频一定要切合主题，并且播放时间不宜过长。

5. 现身说法

在演讲中，安排几个现身说法的环节，一方面能增加说服力，另一方面可以调动现场气氛。需要注意的是，为了达到好的效果，建议让现身说法的人提前多做准备，打好腹稿。

6. 背书

成功就是牵着巨人的手走。狐狸怎样才能威慑众人？它凭借自己的力量永远也做不到，但狐狸让既有实力又有影响力的老虎走在自己的后面，所有的小动物都乖乖地低下了头。"借"不仅是一种思维与行为的艺术，更是生存与成功的绝佳策略。很多时候，普通人的一百句话比不上专家的一句话。为了证明一款药品功效神奇，一位中老年使用者的话胜过我的一百句话。为了证明找的书好看，《心灵鸡汤》的作者马克·汉森的一句话胜过我的一百句话。借用业内专家背书，演说的信服力会大大提升。

六大方式的相互结合能够增强演说的可信度和形象化，使听众易于接受，身临其境，从而感同身受。

演讲的状态比演讲的内容更重要

演说家彭清一教授说:"一个人没有激情和热情是很难成功的,激情和热情是什么?激情和热情是一个人对他的工作和生活怀有高度责任感的体现。"而对于一个演说家来说,充满激情应是他演讲的常态,因为演讲的状态比演讲的内容重要1万倍。

如今的杨澜具有多重身份——主持人、媒体人、传媒企业家、慈善家,可以称得上是现代女性之英华。但是,一开始,杨澜也只是北京外国语大学一个普通的大学生。她的人生转折点是应聘中央电视台《正大综艺》主持人,这对她来说是一次机会。正如她自己所说:"如果没有一个意外的机会,今天的我恐怕已经做了什么大饭店的什么经理,带着职业的微笑,坐在一张办公桌后边了。"

杨澜是怎么把握这次机会的呢?恐怕在诸多因素之中,自信是首要的因素。

其实,杨澜并不特别漂亮,但是,她那清纯、自然、自信的气质,赢得了评委们的青睐。不过,到底是选择她还是形象更好的选手,评委们还拿不定主意。

关键的时刻来临了。电视台主管节目的领导都到场了,他们要在杨澜与另一位连杨澜也不得不承认"的确非常漂亮"的女孩中选择一人。这将是最后的选择。杨澜的好胜心一下子被激起，她想："即使今天你们不选我，我也要证明我的素质。"她带着这样强烈的自信心登场了。

这次考试的两个题目是：（1）你将如何做这个节目的主持人；（2）介绍一下你自己。

杨澜是这样开始她的发言的："我认为选择主持人的首要标准不应是容貌，而是看她是不是有强烈的与观众沟通的愿望。我希望做这个节目的主持人，因为我特别喜欢旅游。人与大自然相亲相近的快感是无与伦比的，我要把这个快感讲给观众听……"

在自我介绍时，杨澜这样说："父母给我起'澜'为名，就是祝愿我有海一样开阔的胸襟，自强、自立。我相信自己能做到这一点……"

杨澜一口气讲了半个小时，没有一点文字参考。她语言流畅，思维严密，富有思想性，很快就赢得了在场领导的赏识。大家不再关注她是不是场上最漂亮的选手，都被她出众的口才吸引住了。杨澜后来回忆说："说完后，我感到屋子里非常安静。今天看来，是我的气场把他们'罩'住了。"

当杨澜再回到那个房间时，中央电视台已决定用她了。这次应聘改变了她的一生。

演讲的激情源自哪里？演讲家的激情，犹如诗人的诗兴，犹如艺术家强烈的创作欲望，当他对某一事物的认识和理解达到成熟的时候，当他被所见所闻点燃内心的火焰时，便热血沸腾、不吐不快。

商 业 真 经

05

商业篇：
如何构建好的商业模式

这是一个挑战的时代，也是一个成功的时代，挑战和机遇并存。

作为企业家，希望我们能够找到最适合当下的商业模式。相信我们必将成为黑夜中那几颗闪亮的星。

为什么王老吉喊出的口号是"怕上火喝王老吉"？因为王老吉瞄准的是"非顾客"，而不是"准顾客"。

为什么资本热衷于投资和包装"90后"企业家？因为新时代商业竞争开始转化为注意力争夺赛，年轻人玩的都是"老家伙们"看不懂的东西。

商业之美，在于变化莫测。商业竞争花样翻新，唯一不变的是企业家对商道成功的信仰。商业没有永恒的法则，没人能够成为永久的赢家，而这正是吸引无数人前赴后继、百舸争流的根源，这正是企业不断创新、社会不断进步的根源。

靠成本优势获得利润的时代已经一去不复返，靠降低价格薄利多销的时代已经一去不复返，靠爆款一招鲜吃遍天的时代已经一去不复返，靠干掉竞争对手唯我独尊的时代已经一去不复返。

那么，新的时代，企业成功的关键到底是什么？

企业成功的三大关键

"我要成为什么样的人？"

"我要成就什么样的事业？"

"我要实现多少人的梦想？"

"我要创办一家什么样的公司？"

每一个企业家几乎时时刻刻都在思考这些问题！他们都有一个伟大的梦想，希望在孜孜不倦的追求中，发挥人生最大的价值。然而，在如今这个竞争如此激烈的大环境下，商业的发展步履维艰。所有成功的企业家，几乎都是九死一生的人；所有伟大的领袖，几乎都经历了百险千难。

从西方管理方式的引进，到中国商道的唤醒，在这个伟大的时代，经济的腾飞呼唤着企业走向科学化管理和创新。几十年来，中国企业快速成长，催生了一批又一批的中国企业家，他们一路走来的血汗和经验正一次次掷地有声地拷问着接踵而至的后来者——行业的发展趋势将如何？企业成功的关键到底是什么？

企业的出路在于认知的高度，高度决定思路，思路决定出路。在我公司10周年庆典课程中，我和几位优秀的企业家进行了一场对话，我问道："企业成功最重要的秘诀是什么？"大家说法不一，有人说是信任，有人说是战略定位，有人说是良心，也有人说是产品、人才等。

其实，企业的成功是由各个方面的因素共同决定的，而我觉得最重要、最关键的三点就是产品、团队和商业模式。

企业成功的第一大关键：产品

产品有多重要？可以这样说，产品是1，营销等其他环节是0，如果没有这个1，其他一切都是白费，都是徒劳。商业起源于商品交易，商品交易源于人们不同的需求。欲望无止境，创新无止境，商业的本质其实就是价值交换，你的产品只要能为顾客创造价值，做到"无可挑剔""无懈可击"，顾客就会情不自禁地想帮你传播，那么，你的企业想不成功都很难。

企业成功的第二大关键：团队

我们说人才是企业发展的核心竞争力！致天下之治者在人才，没有一件伟大的事情可以一个人完成，因此企业需要大量的人才！可以说，当今这个时代，人才是企业的根基。打个比方：如果经营企业就像修长城，那么人才就是基石；如果经营企业就像建高楼大厦，那么人才就是栋梁。所以，人才就是企业成功的保证。

企业成功的第三大关键：商业模式

现如今，企业之间的竞争已不再是简单的产品层级的竞争，而是商业模式的竞争。那么，什么才是好的商业模式？我觉得有三点：第一，有很好的盈利点；第二，有很好的系统平台来支持；第三，有标准化运作。伟大的商业模式带来伟大的企业，有了伟大的商业模式，你的企业想不成功都难。

这是一个最坏的时代，也是一个最好的时代，挑战和机遇并存，竞争与希望同在。当下中国的企业家正处在商业文明酝酿、壮大、飞速发展的时代，他们必将成为黑夜中那几颗闪亮的星，开启引领式创新和颠覆性思维的新时代。

产品决定企业生命力

好产品对于一个企业的影响力是显而易见的：好产品，永远不缺顾客；好产品，永远不缺市场。好产品决定企业的生命力，就像健康的身体决定人的生命力一样。

问题是，好产品并没有一个统一的标准。现实中，当企业老板觉得产品不好卖的时候，往往第一反应是自己的产品不行。其实，很多时候，换一种销售思路，换一种销售渠道，很可能会打开新的市场。

一家生产卫生香的企业，在超市的销量一直不理想，后来，转而走茶馆、养生会所等渠道，销量立马就提升了。一把黄豆，我们可以卖给饭店，做成美味的豆浆；我们可以卖给邻居，浸泡两天后，做成可口的豆芽菜；我们可以卖给农夫，种到土里，长成新鲜的豆苗；我们可以卖给园艺师，种出豆苗以后，将豆苗移植到花盆里，当作盆景来卖。

一盘小葱拌豆腐，在路边的小餐馆卖10元，很可能无人问津，因为客户想吃点油水大的；在五星级饭店可以卖到30元，引来很多人争抢，因为客户吃多了山珍海味想换点清淡的。

你看，同样一个东西，可以卖到不同的地方，可以卖出不一样的价格。所以，有时候不是产品不行，而是你的思路不行。

1990年，卡塞尔以德国政府顾问的身份主持拆除柏林墙，这一次，他使柏林墙的每一块砖以收藏品的形式进入了世界上200多万个家庭和公司，开创了城墙砖售价的世界之最。他说过一句话："生意场上，无论买卖大小，出卖的都是智慧。"

是的，买卖最终卖的是智慧。世界上并不存在完美的产品。销售的秘密在于建立信赖感。企业首先要做的是让顾客相信它的产品是好产品。这就是王婆卖瓜要自卖自夸、厂家越来越注重包装并且纷纷找明星合作的原因所在。企业必须通过各种途径让目标群体相信它的产品是好产品。

定价也是需要策略的，并不是越便宜越好。为什么？因为定价某种程度上能体现产品的品质。我认识一位老板，做红酒生意，他的产品品质很好，喝过的人都赞不绝口，为了让利给消费者，他减少了包装上的费用，售价比对手低很多，只卖58元。然而，销量却并不乐观。他很疑惑，为什么质优价廉的产品竟然没人买。后来，经过不断地推敲、尝试和请教，他找到了原因，他的产品看起来并不像好产品，没办法让顾客产生信赖感。于是，他参考世界大品牌的红酒包装盒，开始改良产品包装。一时间，消费者蜂拥而至，哪怕产品提价到258元，销量也一直居高不下。

心理学上有一个晕轮效应，它指的是当认知者对某一事物的某种特征形成好的印象后，倾向于据此推断该事物其他方面的特征。也就是说，人们看到一个耀眼的包装后，会推断出包装后面的功能同样耀眼。对人如此，对产品如此，对企业也如此。

对产品来说，顾客的喜欢就是一切，好坏、优劣、贵贱，这都是顾客的主观判断，顾客喜欢了，一切问题就不再是问题。所以，企业在埋头研发产品，力求让自己的产品做到无可挑剔、无懈可击的同时，还要注意花大量的工夫去"务虚"，让顾客相信它们的产品是好产品。

商业的本质是价值交换

让自己的产品看起来像个好产品,这是一般企业对产品的必然营销手法,但是,企业要做到让顾客爱上自己的产品,这就考验企业的能力了。商业的本质是价值交换,企业提供给顾客的必须是真产品、实价格、好服务。

海底捞是我们四川人的骄傲,诞生于四川简阳,后来逐渐火遍全中国。海底捞因其较高的服务水准创造了很多奇迹。

客户去海底捞吃火锅,等一两个小时是很正常的事情,即便是三伏天也要排队吃海底捞的火锅,而别的火锅店生意清淡;每天3~5桌的翻台率创造了业界翻台率最高的纪录;50%的客户回头率,10%的员工离职率;很多投资银行要给海底捞钱,创始人张勇却不要;无数同行高薪挖海底捞的员工,都挖不动。

同行纷纷学习它,模仿它,甚至派出卧底,上演无间道,也学不到精髓。海底捞凭什么?答案其实很简单,就是满足顾客的需求,为顾客提供价值。

顾客等餐的时候,海底捞给他们提供免费水果、免费茶水、免费美甲、免费上网、免费玩牌、免费手机充电、免费电动车充电、免费擦鞋、免费上厕所的服务。厕所里还有很多免费的服务,比如提供刷牙和补妆所需的一些工具。吃饭时送扎头发的皮筋,准备好套袖、围裙、手机套、热毛巾。价钱公道，分量足，还能点半份菜，没吃没动的还可以退。

如果是一家人带着孩子到海底捞吃饭，服务员看着家长边涮火锅边喂孩子忙不过来，就主动帮他们喂孩子。小孩子不吃火锅，要吃馄饨，服务员就去外面买来馄饨，送给小孩吃。当海底捞的服务员发现客人是一位孕妇且赶上当天她过生日，就会马上按照家乡的传统为她准备一份生日礼物，苹果、莲子、鲜花、大枣，还有宝宝图……海底捞变着花样创造了令人眼花缭乱的价值和服务。这是很多企业学不会的精髓。

当然，与其说学不会，不如说不肯学。很多老板有一个疑惑：这么多免费的服务，势必要增加成本啊，不赚钱闹什么？对此，张勇说，第一拨客人只够保本，我们是赚后面的客户的钱。

海底捞是为顾客提供"真产品、实价格、好服务"的典型。张勇抓住了商业的本质。谁要是把这个做好了，谁就能成就百年老店。谁能够为顾客创造价值，顾客就会忠诚于谁。

只有提供给顾客最满意的价值，企业才能拥有真正的好口碑。

商业的基础是价值对等

时下,许多"网红"产品凭借新奇概念、独特设计,契合了年轻消费者的个性化需求,在一些社交平台形成传播热度,迅速蹿红。比如,某视频网站上很火的、号称随时随地进行补光的LED智能补光镜,用纸做的却撕不烂也泡不坏的手表,还有X爷牛腩、某少爷肉夹馍等线下售卖的产品……

"网红"产品的特点是来得快去得也快,瞬间爆发,引发全民关注,随即又快速冷却,冷却的速度几乎和它们爆发的速度一样快。

究其根本,在于"网红"产品只顾"红"而忽略了商业的基础:价值对等。这些"网红"产品普遍价格偏高,宣传夸大其词,和消费者体验到的价值不对等。

这个时代,人人都渴望打造爆品,但靠钱砸出来的伪爆品居多。就连美特斯邦威创始人周成建也这样反省过:"我曾经走了一些错路,花了很多钱去买流量,但那些流量是留不住的,钱白烧了。如果把互联网作为工具,还是极其有价值的。"

有些企业很看重流量:请明星做代言是为了流量,搞公益也是为了流量,制造各个平台"热搜"话题还是为了流量。流量很重要,但产品本身的价值更重要。要流量不要品质,乃舍本逐末之举。

所谓万变不离其宗,就商业而言,这个"宗"就是产品价值。产品价值通常不是企业说了算、卖家说了算,而是顾客的感知说了算。

如果感知利益等于感知成本,则是"物有所值";如果感知利益高于感知成本,则是"物超所值";如果感知利益低于感知成本,则是"物有不值"。产品要想畅销,最起码要做到让顾客感到"物有所值"。没有人会长期为"物有不值"的产品埋单,这就是"网红"产品总是昙花一现的根源。

商业的方向是物超所值

做生意的途径不外乎两个：一个是增加客户的数量，另一个是增加消费的频次。我们都知道，开发新客户的成本是非常高的，而且这样赚钱非常痛苦。"二八法则"告诉我们，20%的老客户能给我们带来80%的利润，客户的重复性消费能让企业以较少的资本投入换来较高的利润。

如何让客户重复消费？就是让他觉得物超所值。淘宝购物回头客评价关键字里出现次数最多的就是"物超所值""性价比高"。

海尔有个"专为你设计"的产品定制服务，至今仍有启发意义：四川农村的客户用洗衣机洗地瓜，洗下的泥沙堵塞了洗衣机下水口，造成故障，为此海尔洗衣机的技术部门专门为他们设计了一款能洗地瓜的洗衣机。

北京一所学校的职工食堂的几位"大师傅"看到海尔开发出能洗地瓜的洗衣机后，给海尔洗衣机写了一封简短的信说，在他们那里，师生都很喜欢吃土豆，但削土豆皮费时、费力，希望海尔能开发会削土豆皮的洗衣机。这封来信着实令海尔洗衣机的研发人员有点为难，但最后海尔洗衣机还是开发出了这种会削土豆皮的洗衣机，而且5公斤土豆几分钟就可削干净。

青海和西藏地区的人们喜欢喝酥油茶，但打酥油很麻烦，往往要花很长时间，海尔的研发人员在去西北考察的时候，热心的藏族同胞总用他们花费很多工夫制成的酥油茶招待他们。他们很感动，于是就想，为什么不开发种洗衣机来帮助藏民们打酥油呢。不久，能打酥油的洗衣机问世了。《拉萨晚报》对此专门进行了报道，在当地传为佳话。随着西部开发热的兴起，富有西北地方特色的"凉皮"等风味小吃，首先交上了食客大增的好运。但"凉皮"的辅料"面筋"，制作起来却相当耗时费事，"批量生产"更让人吃不消。餐饮店的老板们为此心急如焚，只好写信给海尔洗衣机。于是半个月之后，一种带有"打面筋"功能的新型洗衣机诞生了！

营销大师菲利普·科特勒教授曾经说："除了满足顾客，企业还要取悦他们。"随着时代发展，以往的"顾客满意"已经不能得到消费者的青睐。在市场竞争越来越激烈的情况下，要想使产品畅销，使企业永远处于不败之地，企业应该更为关心"上帝"是否被感动，要朝着"物超所值"努力。

商业的境界是超乎想象

司马迁说过："夫纤啬筋力，治生之正道也，而富者必用奇胜。"纤啬筋力，意思是努力付出，这虽然是治生的正道，但要想致富立业，必须出奇制胜。

但凡开门做生意的商家，面对上门的顾客，只有热烈欢迎，没有拒之门外的道理，意大利的菲尔·劳伦斯却偏偏反其道而行之。劳伦斯开办了一家儿童商店，经营的商品全是 7 岁左右儿童的用品，他做了一项出乎意料的规定：进店的顾客必须是 7 岁的儿童，大人进店必须有 7 岁儿童做伴，否则谢绝入内。

商店的这一招不仅没有减少生意，反而有效地吸引了顾客。一些带着 7 岁儿童的家长进门，想看看里面到底"卖的什么药"，而一些带着其他年龄孩子的家长则谎称孩子只有 7 岁，以便进店选购商品，劳伦斯的生意因此越做越红火。他这种限制顾客的做法，反而起到了促进销售的效果。

有一位收藏家，专门喜欢收集和买卖一些稀少的、有纪念价值的物品，即使花再大的价钱，他都在所不惜。有一次，他听说在英国有人要拍卖世界上最古老的邮票，十分心动。他想，机会难得，于是赶紧前往拍卖会。

到了现场，他发现这是最少见的邮票，全世界只存有两张，而这两张邮票都在会场上准备拍卖。最后，这位仁兄以 100 万英镑一张的价格拍下了这两张邮票，出手阔绰，惊动了拍卖会场里所有的人，大家不知道他为何要出这么大的价钱。

就在众人议论纷纷的时候，这位收藏家走到台上，向大家宣布："各位都看到了我以200万英镑购得这世上仅存的两枚邮票，现在我要做的是，把其中一枚烧掉。"讲完之后，他就从口袋里拿出打火机，把其中一枚给烧掉了。

当时，与会来宾个个愣在那里，他们不敢相信这是真的——难道他真的发疯了？这个时候，收藏家又说："大家都看到了，我已经烧掉了其中一枚。换句话说，我手上的这一枚是世界上独一无二的，它，才是真正的无价之宝！现在，我要把它卖给懂得鉴赏它的人，请大家出个价吧！"

这时，叫价声不绝于耳，大家争先恐后想要获得这独一无二的至宝，最后，竟然以500万英镑成交了，打破有史以来最高的成交纪录。收藏家转眼之间就赚了300万英镑。

《孙子兵法》也说："凡战者，以正合，以奇胜。故善出奇者，无穷如天地，不竭如江海。"这句话是说，打仗都是以正兵交战，以奇兵制胜，要以"出其不意"的方法去博取胜利。经商也是如此，唯有"奇"才能谋取高利润。要让自己的产品卖个好价钱，除了在产品本身上下功夫，还要在销售上"出其不意"。

公司最伟大的产品就是公司本身

小米科技是近年来商业领域的奇迹，小米手机卖999元，别的品牌也开始卖999元；小米手机的高性能让用户尖叫，别的品牌也让用户尖叫；小米搞"饥饿"营销，别人也搞"饥饿"营销。到最后，小米有100万"米粉"，别的品牌只能干瞪眼。就这样，从2001年到2004年，小米3年卖了300亿元，而它曾经的对手大多已经消失不见了。

"为发烧而生"是小米的产品概念。小米公司创造了用互联网模式开发手机操作系统、发烧友参与开发改进的模式。小米是继苹果、三星、华为之后第4家拥有手机芯片研发制造能力的科技公司。但雷军说，小米做的不是手机，而是移动互联网。

小米生产的产品从电视到面膜，几乎可以说无所不包了。但就手机产品来说，除了小米手机系列，小米旗下还有红米手机系列、黑鲨游戏手机系列、POCOPhone和与美图合作的手机。

可以说，小米最值钱的不是手机，而是雷军和小米公司。有了小米这个牌子，就能复制无数部小米手机。

产品分为有形产品和无形产品，一切有形的都是有限的，一切无形的都是无限的。企业最大的无形产品就是公司本身。可口可乐是连续数年排名第一的快速消费品品牌。美国一位经济学专家评价：即使可口可乐公司的生产线全部瘫痪，银行都愿意为其提供300亿美元的无偿贷款，他们看中的就是可口可乐无形的品牌价值。

曾经，宝洁公司投入了大量的人力、物力，开发了一款新产品——将客户群定位为爱美女性的佳美香皂，销路一直不佳，这一点让公司很头疼。

"麦克，你能告诉我为什么吗？"总经理向一位销售经理问道，"佳美香皂上市已经好几年了，为什么销量一直起不来？"

"经理，非常抱歉，我们已经花费了很大的精力在拓展销售渠道上了，但是因为象牙香皂的品牌形象已经深入人心，佳美香皂与之相比优势不明显。"

"那你的意思是没有解决办法了吗？"

"办法是有的，但是需要公司放权，让佳美香皂可以直接和象牙香皂竞争。"麦克回答道。

"你疯了吧？"麦克语音刚落，下面的几位销售经理就觉得无法接受，站起来大声说道，"让公司的产品互相竞争？最后受损失的可是公司啊！"

这番对话，放在多品牌战略盛行的今天可能有些好笑，但在当时却是先锋理论。即便在今天，很多固执的老板，对于让公司的产品互相竞争还心存顾虑。很多老板宁可放弃部分市场，也不愿意推出新产品，生怕影响到公司的老产品。产生这些顾虑，正是因为没有认识到：公司最伟大的产品就是公司本身。

凡是伟大的公司，都是始于专注打造一款产品，而后不断打造产品矩阵，最终成就公司这个超级产品。

团队决定企业支撑力

比尔·盖茨说过："把我们顶尖的 20 个人挖走，那么我告诉你，微软会变成一家无足轻重的公司。"人才是企业的核心竞争力，核心人才就是核心中的核心。依据"二八法则"，企业 80% 的绩效是由 20% 的员工创造的，核心团队就来自这 20%。

一般来说，核心人才是有专门技术、掌握核心业务、控制关键资源、能对公司产生深远影响的员工，他们是企业的"永动机"，能为企业的发展提供持续不断的"能源"。如果企业是一座大厦，那么核心人才构成的核心团队就是钢筋骨架，支撑着企业屹立不倒。

核心团队的团结，决定着企业的凝聚力和向心力。我的朋友曾经开了一家公司，两个大股东分别安排自己的亲属和朋友担任要职，结果在公司中明显形成了两派。经常出现多头领导、工作出现错误却不了了之的现象，公司缺乏统一的价值观，也没有基本的原则，最后两个本是好朋友的股东反目成仇、各立山头，拆分而成的两个企业也一个破产一个半死不活。

在企业发展到一定阶段的时候，企业领导人最核心的任务就是打造公司的核心团队，来拓展自己的能力和视野。注意，是一支核心团队，而非两支，甚至多支。

打造核心团队最关键的部分，就是让核心团队成员具有共同的价值观。

对此，任正非说得很到位："公司运作模式从现在到未来的改变是从'一棵大树'到'一片森林'的改变，这种说法很形象。首先我们要认真总结，30年来是如何种好一棵大树的，让历史的延长线给我们启发，告诉我们如何去种好一片森林。'一片森林'顶着公司共同的价值观；下面是共同的平台支撑，就像一片土地，种着各种庄稼；中间是差异化业务系统。"

共同的价值观，是共同发展的基础；有了共同发展的基本认知，才可能针对业务特点展开差异化的管理；共同的平台支撑，是我们在差异化的管理下守护共同价值观的保障。

共同的价值观是共同发展的基础。那么，打造一个核心团队，要具备哪些共同的价值观呢？我认为有4点很重要：彼此尊重，尊重彼此；彼此信任，信任彼此；彼此包容，包容彼此；彼此成就，成就彼此。

彼此尊重

在人性中，自尊是一种高尚纯洁的品质。每个人都拥有自尊心，都希望得到他人特别是管理者的尊重。自尊是人的潜在精神能源，是人前进的内在动力。

卓越的管理大师以这样一种态度对待所有的员工：重视。从托马斯·约翰·沃森到杰克·韦尔奇，从李·艾科卡到比尔·盖茨，从松下幸之助到稻盛和夫，这些商界精英的最伟大之处就在于：他们眼中始终有"人"，能够给员工最大化尊重。

松下幸之助曾经这样告诉他的高层管理人员："要想很好地激励员工的积极性、责任感，那么你们就要拿出激励的武器——尊重。你必须尊重员工，就像尊重你自己一样。"

尊重别人就是尊重自己。尊重是相互的，你不尊重员工，员工当然也不会尊重你。具体表现在工作上就是不会配合你的工作，产生消极抵触情绪。彼此尊重，才能构建和谐团队。

关于史玉柱的传奇很多，其中最让人唏嘘不已的当属巨人团队。企业家中在商场上败北的人很多，像史玉柱这样能够东山再起的人少之又少。史玉柱能够东山再起，一个很大的原因在于巨人团队的不离不弃。

开发出脑白金和征途的多数副总都是巨人时期的公司员工。在史玉柱二次创业初期，整个核心团队20余人很长一段时间没领到一分钱工资，但他们始终不离不弃，一直追随在他左右。史玉柱有什么"魔力"呢？

征途项目负责人纪学锋曾说："史总很懂得尊重人。很多企业包括外企把人管得太死。而我们公司各方面都很开明公平，只要有实力，就会有机会。在管理上不会拘泥于太多的规则，大家做事的时候拼命做，整个过程能够让人实现个人价值。"

说到尊重员工，很多老板对此感到很委屈：我每天都笑脸对员工，见面总是打招呼，员工的名字我几乎都叫得出来，开会也尊重他们的意见……可以说相当尊重他们了，可为什么却没赢得员工的尊重呢？

什么叫真正的尊重人呢？

《天才在左疯子在右》一书里，讲过这样一则故事：

有一个精神病人，他总是把自己当成一个蘑菇，于是就没日没夜地蹲在角落里，一连几天不吃不喝，就像个真正的蘑菇一样。他很需要被治疗，我想如果换作是我们来充当心理医生的角色，我们可能会说："你不是蘑菇啊，赶紧起来吧。"我们或许会重复这句话，重复到自己都觉得烦，最后不由得去对着病人发火，甚至干脆过去伸手用力拽他起来。可实际上，即便你使出浑身解数，他还是会坚持做个蘑菇。

真正的心理医生是这样做的：他撑了一把伞，静静地蹲坐在病人的旁边。病人很奇怪地问："你是谁呀？你为什么也蹲在这里呢？"医生回答："我是一个蘑菇啊。"病人点点头，继续做他的蘑菇，而医生也是一脸平静地陪伴在旁边。一段时间过去了，他们谁都没有说话。

又过了好一会儿，医生站起来走了两步。病人不解地问："你是一个蘑菇，你怎么能动呢？"医生说："蘑菇是可以动的啊，不信你也来试试。"病人果不其然站起身子模仿医生的样子走了一大圈，他说："哦，原来做蘑菇也可以动啊。"

没多久，医生开始吃饭，病人又问："你怎么可以吃饭啊？"医生回答：

"不吃饭蘑菇怎么能长大呢？长期不吃饭我们是会死掉的呀。"病人点点头，也模仿着医生的模样吃起饭来。

几周之后，这个病人被治愈了，他终于可以像个正常人一样生活。

这个故事告诉我们，真正的尊重来自感同身受。作为老板，反思一下：你有没有蹲下身来真正站在员工的角度去考虑问题？有没从他的角度去找到最正确的方法帮助他？

彼此信任

俗话说得好："把人当贼，人成贼；把贼当人，贼成人。"不信任，会把人才逼走；信任人，会让人感到自我价值的存在，从而成为愿意为你效力的人才。

玫琳凯的创始人玫琳凯·艾施有一个黄金法则：你想要别人怎样待你，你也要怎样待别人。她说："我相信每位员工都有能力完成某些重要的事情，所以我认为每位员工都是重要的。管理人员就应该对员工持这种看法。"

在很多老板的观念中，发号施令第一，信任其次。信任只给予那些唯命是从的员工。正是这样的理念，导致企业人才缺失。

齐桓公问管仲："什么有害于成就霸业？"管仲答道："不知贤愚忠奸，任用奸佞平庸的小人，则有害于成就霸业；知道贤愚，而又不能选贤任能，则有害于成就霸业；任用贤士而又心存不信任，另用小人干预，则有害于成就霸业。"

同理，老板如果不知道通过信任人来聚拢人，对企业的大发展是有害的。

正如《第五代管理》作者查尔斯·M.萨维奇所指出的：怀疑和不信任是公司真正的成本之源，它们不是生产成本，却会影响生产成本；它们不是科研成本，却会窒息科研的进步；它们不是营销成本，却会使市场开拓成本大大增加。作为一个企业，组织成员之间的信任是和气生财、健康发展的前提，在组织的发展过程中，遇到的最大难题其实并不在于外在的环境，而在于内部的氛围——员工与员工之间、管理者与员工之间、管理者与管理者之间应该相互信任，而不是疑神疑鬼。

信任就是力量，是打造优秀团队的基石。成员之间不能相互信任的团队实际上不能称作一个团队，他们可能不分享信息，他们可能在权利和责任上争斗，他们可能不合作。不管这群人多能干或多有才华，如果他们不相互信任，他们可能永远都不会发挥出全部潜力。

相反，当信任到位时，团队中的每个人都会变得更强大，因为互相信任，这个群体就能实现真正有意义的目标。作为一个领导者，你要适时对他们表现出信任。

彼此包容

我们都知道乔布斯是个产品设计高手,殊不知他更是一个带团队的高手。对于团队建设,他早就看得很通透。根据早年的一个采访,乔布斯道出了带队伍的要点:"首先,我一直在寻找真正的聪明的人,与他们共事。我们所从事的这些重要工作中没有一项是可以由一两个人或三四个人完成的。为了把这些一两个人不能完成的任务做好,你必须找到杰出的人。在我所感兴趣的这个领域——最初是硬件设计——我发现一个最优秀的人完成工作的能力能抵50到100个一般水平的人。

"鉴于此,我一直在追求精华之中的精华。我们打造一个团队,保证里面的成员都是A+水平。一个都是A+水平的小团队能抵上100个都是B或C水平的巨型团队。其次,在招到人才后,你要营造一个团队氛围,让成员感到他们周围围绕的都是和自己一样有才能的人,而且工作是第一位的。"

现实中很多老板不乐于用比自己强的人,除了怕这些"牛人"难以驾驭,更多的是嫉贤妒能心理在作怪。

人才冒尖不容易,他们付出了比别人更艰苦的劳动,承受了比别人更多的磨难,表现出了比别人更卓越的才干。因此,对于能力超过自己的人,老板们一定要热情扶持,破格使用,这样才能鼓励更多人才冒尖,充分发挥才干。

美国奥格尔维·马瑟公司的总裁戴维·奥格尔维有个习惯:每次一有新

的经理上任，他都要送他们一件礼品——木娃娃。这件礼品意味深长。

大娃娃里有个中娃娃，中娃娃里有个小娃娃，小娃娃里有一张字条："如果我们每一个人都雇用比我们自己小的人，我们公司就会变成一个'矮人国'。但是如果我们每个人都雇用比我们自己高大的人，我们就能成为巨人公司。"

美国钢铁大王安德鲁·卡耐基死后，他的墓碑上刻着这样一段文字："这里安葬着一个人，他最擅长把那些强过自己的人，组织到为他服务的管理机构之中。"卡耐基的成功在于善用比自己强的人。在知识经济时代，管理者更需要有敢于和善于使用强者的胆量和能力。

一个团队能否形成彼此包容的氛围，关键在于团队领导者。领导者的容人之处除了容人之才，还体现在以下方面：

容人之短。金无足赤，人无完人。一般来看，越是在一个方面有突出才能的人，往往在另一个方面的缺点也越明显。人的短处是客观存在的，容不得别人的短处势必难以成事。

容人之过。人非圣贤，孰能无过。只要人们宽容他人的过错，激励他改过自新，他就会迸发出无限的创造力。"不犯错误的人不能够成长。"IBM公司就有这样的用人理念。有一次，一个部门经理犯了一个重大的错误，给公司造成很大的经济损失。

这位部门经理十分不安，心想此次必被解职无疑。没想到董事长把他调到另一个重要部门任经理。董事长说：要是把你解职了，公司这么多学费不是白花了吗？这位部门经理很受感动，他认真吸取了教训，在新的岗位上干得很出色。

容己之仇。这是一种高尚的品德。齐桓公不计管仲一箭之仇，任用管仲为大夫，管理国政而成就霸业；魏徵曾劝李建成早日杀掉秦王李世民，后来李世民发动玄武门之变当了皇帝，不计前嫌，重用魏徵，魏徵为李世民出了不少治国安邦的良策，促成了贞观之治。这都是容人、用人的收获。

彼此成就

范仲淹从社会底层一路做到参知政事,可以说是相当厉害了。范仲淹的厉害之处在于他摆脱了古代文人相轻的陋习,相反,他很爱提拔人。范仲淹在任杭州知州时,身边很多官员得到了他的推荐或者提拔,获得晋升的机会。

只有一个叫苏鳞的人,因为他在杭州所属的外县做巡察,所以没有被范仲淹推荐。一次,苏鳞有事到杭州见范仲淹,趁机写了一首诗,其中有两句是:"近水楼台先得月,向阳花木易为春。"意思是说,靠近水边的楼台,因为没有杂物树枝的遮挡,总是先照到月光,而面向阳光的花木,也因为先受到春光的滋润而欣欣向荣,暗示范仲淹只提拔身边的人。范仲淹看到诗后,立即写了封推荐信,使苏鳞的愿望得以实现。

范仲淹能够成为参知政事,一个重要的原因就在于他懂得"彼此成就,成就彼此"的道理。彼此成就,而后才能成就彼此。

1994年3月,联想集团企业发展部的前任经理孙宏斌出狱了,他托人联系联想集团总裁柳传志,表达了见面的意愿。这两个人能平和地坐到一起是非常不容易的,孙宏斌当初因挪用公款入狱,柳传志算是控告方。

在饭桌上,孙宏斌告诉柳传志,他出狱后准备做房地产销售代理,并诚恳地向柳传志表示,之前做那些事情,是因为当时自己太年轻、太浮躁、太急功近利。柳传志作何反应呢？他不计前嫌，慷慨地借给孙宏斌50万元。有了这50万元，孙宏斌创立了顺驰，在房地产行业出尽了风头。后又创办融创中国，终成商界名流。

柳传志成就了孙宏斌，收获的只是"大肚能容"的好口碑吗？非也。联想的主业是电脑产业，但也涉猎过地产业。作为联想控股在房地产行业的全资子公司，融科智地成立于2001年，公司成立之初主攻商业写字楼项目。

2003年，融科智地进入住宅领域，截至2015年2月底，融科智地先后在北京、天津、重庆、武汉、长沙、合肥等15个城市布局，共开发了近50个项目。其中有不少项目，是和孙宏斌联合开发的。2018年，融创更是以138亿元高价收购了联想的地产业务，也算是对柳传志的一种报恩吧。

自古英雄惜英雄，高手都懂得"彼此成就，成就彼此"的道理。不仅英雄间如此，普通人之间最好的关系也是如此。小合作放下态度，大合作放下利益，一辈子的合作放下个性。彼此成就，共同成长，才是生存之道，才能保持最稳定的关系。

所谓最佳的领导，是能成就下属、让下属越来越好的领导；最好的人才，是所做的事情对团队有利、对领导有利的人才；最优秀的团队，是彼此成就、共同提升的团队。

快速打造核心团队的秘诀

为什么有的公司在创业成功、步入正轨之后,创始伙伴却分道扬镳?因为他们没有真正绑在一起。没有绑在一起的关系,自然说散就散。

张朝阳曾招募过还在硅谷打工的李彦宏,拒绝过前来求职的马云,影响马化腾走上创业之路,近些年却有些失落,2008年以后,张朝阳因为抑郁两度退隐江湖。有人说,搜狐走下坡路是因为错失了很多机遇,与搜索、社交、电商等大趋势失之交臂。

张朝阳自己则说,根源在于"好人变狠"太难。张朝阳随性温和,对下属宽容信任,这使得搜狐一度奉行"好人文化"。

"好的地方在于,我们开启了中国互联网,笼络了很多人才;不好的地方在于,管理松散、奖惩不分明导致很多能干的人流失掉了。"搜狐被称作中国互联网的"黄埔军校",很多人离开搜狐后在其他领域创造了一片属于自己的天地,比如,古永锵创立了优酷,龚宇创立了爱奇艺,李善友创立了酷6网,陈一舟创立了人人网,周云帆创立了空中网,李学凌创立了欢聚时代(YY)。因为没能和这些高级人才形成共同体,搜狐一次次错过发展机遇。

如何更快速地打造同频共振的核心团队?秘诀就在于5个字:打造共同体。

中国中小企业的平均寿命仅 2.5 年,集团企业的平均寿命仅 7~8 年。不仅企业的生命周期短,能做强做大的企业更是寥寥无几。企业做不长、做不大的原因当然很多,但核心原因却只有一个——核心团队出了问题,人心散了。老话说,生意好做,伙计难搁。企业的死亡,通常不是死于外部竞争,而是死于内部消耗。没能形成共同体式核心团队的企业,一般都活不久。

什么是共同体呢?一般来说,共同体必须满足以下 3 个条件:第一,利益一致,即所得利益能够在共同体中共享,形成利益共同体;第二,责任共担,即共同体成员能承担起责任,形成精神共同体;第三,方向趋同,即共同体成员走的是同一条路,大家的诉求一致,形成事业共同体。

团队成员真正做到了利益一致、责任共担、方向趋同,成了一个大家庭,就有了共同的目标和利益,有了团结的基础,更有了"为我""为我们"奋斗的动力。

和人才形成利益共同体

"天下熙熙，皆为利来；天下攘攘，皆为利往。"舍不得分享利益的老板，自己把人才拱手让给了别人，然后反过来怨人才难觅；富有远见的企业家懂得和人才形成利益共同体。

华为创立之初，主要为一家生产交换机的香港公司做销售代理。后来，任正非发现，这是一个利润空间非常大的领域，他就想自己做交换机。可当时的华为一穷二白，要钱没钱，要人没人，怎么办呢？

为了克服技术难题，任正非用优厚的条件招聘研发技术人员，分他们股份，让他们参与分红，就这样成功解决了技术问题。为了打开销售市场，任正非和邮电局合作，在当地设立公司，有了邮电局的支持，市场很快就打开了，任正非就这样赚到了第一桶金。

任正非把研发人员与公司捆绑在一起解决了人才问题，又把客户的利益与公司的利益捆绑在一起，解决了市场问题。华为之所以能不断发展壮大，跟任正非这种"利益共同体"的理念密不可分。

相反，没有"利益共同体"理念的领导，他会直接失去人才、失去让企业发展壮大的机会。据说，当年许家印为深圳某公司工作的时候，老板把他安排到广州负责一个地产的项目，两年的时间许家印为公司创造了2亿的现金流，但是当时的许家印只拿3000元钱的工资，年终奖也少得可怜。许家印觉得没有盼头、没有希望，就自己做老板了。

企业追求利益最大化的最佳途径就是想办法绑定各类资源，建立各种利益共同体。绑定员工成为利益共同体，让员工成为公司的主人，让他们的付出直接体现在年终分红上，这能最大化地调动员工的积极性，为企业创造更大的利益。

这就好比，你请客户在自己开的餐厅吃饭，左手花了钱，右手却领了分红。给人才分利益，他们会为企业赢得更多的利益，这个道理再简单不过，能不能做到，体现的是企业家的境界。

和高层形成精神共同体

人才固然重要，但是人才要走的时候，强留是留不住的。我多次对企业家朋友分享这个观点：留住人才最好的方法，就是不去留人才。在这一点上，马云一直很"酷"。

众所周知，互联网行业的人员流失率很高，但是马云对自己的团队十分自信，认为"天下没有人能挖走我的团队"。马云留得住人的秘诀是什么呢？

"我从来没留他们（员工）过。阿里巴巴10年以来2.2万名员工，离开的也有1万名左右了，我一下子记不清楚，我从没留过任何人。"马云认为没有必要留任何人，原因在于他认为自己最重要的任务是"当好阿里巴巴的使命感和价值观的守门员"。

这件事情是最重要的。当一名员工决心离开时，说明他是不适应和不认可公司文化的，而勉强不属于阿里巴巴的人留在阿里巴巴，结果肯定是害人害己。

据说在阿里巴巴创办初期，正急需人才之时，一位香港IT高手送上门来，马云说："每月500元。"这位高手大吃一惊，这工资连给女朋友打电话都不够，于是掉头就走，没想到马云也毫不挽留。

不留人，不代表马云轻视人才。马云其实是通过"价值观"对人才进行筛选。只有那些对自己有长远的期望和规划的员工，才能抵得住高薪的诱惑，才能耐得住辛苦和寂寞，成为阿里巴巴真正的顶梁柱。

马云的做法，相当于和企业高层建立了精神共同体。在共同使命和共同信仰的作用下，高级人才才会与企业家共进退。

因为利益捆绑在一起的人，会在利益无从保证的时候选择离开，而一旦形成精神共同体，就"赶也赶不走了"。

和所有人形成命运共同体

美国石油大王洛克菲勒曾经到下面巡视自己的油田,每次去都能看到不少问题,浪费的现象随处可见,工人的积极性很差……他想了各种办法都无济于事。洛克菲勒向一位大师求教,大师说了一句话:"那是你自己的油田,不是大家的油田。"这句话让洛克菲勒立刻醒悟了,他召来工头,向他们宣布:"从今天起,油井交给各位负责经营,收益的25%由各位分配。"之后,浪费的问题没有了,工人的积极性大大提高了。

洛克菲勒成功的秘诀在于他把"我的油田"变为"大家的油田",他将油田的经营权分给了油井负责人,虽然舍去了25%的收益,但是提高了油田的收益率,整体利润并没有减少。

很多老板经常跟员工强调"你在为自己工作",而员工根本都听不进去,因为他们并没有得到实惠。与其吼破喉咙,老板们不如打开腰包,实施股份制经营,让员工们真正感觉到"我在为自己工作"。

每个人在内心深处,都希望自己能够成为命运的主人。毕竟,人为自己而努力,肯定要比为他人卖命更加心甘情愿。当我们在为自己卖命的时候,在一台二手电脑和一台高配置电脑之间,我们会选二手的。为什么?因为够用就好了。当我们在为自己卖命的时候,赶一个项目,我们可以心甘情愿地加班到半夜两点,不会去想有没有加班工资、会不会是两倍工资,为什么?

因为我们的付出是为了自己。当我们在为自己卖命的时候，浪费就不存在了，工作效率提高了，成本能控制到最低。

目前，为了调动员工的积极性，很多公司开始推行员工持股计划，在这点上，浙江盘石信息技术股份有限公司做得很好。2016年，盘石启动了全体员工股权激励计划，公司拿出10%的股票分配给员工，这里所说的员工不仅限于公司中高层和联合创始人，而是指全体员工，从技术员到前台，再到保洁全部包含在内，盘石965名员工都将受益。

盘石创始人兼CEO田宁表示，全员持股是为了实现"盘石没有打工者，所有盘石人都是股东、都是创业者"的承诺，股权激励计划可以让员工摒弃打工者心态。田宁这种大度的做法很值得企业老板们学习。

作为老板，要和所有人形成事业共同体，变"我的公司"为"大家的公司"。

商业模式决定企业的发展速度

据说德国海关有一次查获了一批劳力士、江诗丹顿等假冒名牌手表后，在报告中建议，最好不要销毁这批假手表，因为它们的质量比真的还要好。价格低廉、无法光明正大地出现在市场上，原本质量很好的产品却落得如过街老鼠般人人喊打的地步，问题出在哪儿？问题就在于缺乏好的商业模式。

中国不缺产品，也不缺高质量的产品，缺的是好的商业模式。什么是好的商业模式？它有什么神奇的力量呢？我们先来了解一下麦当劳的秘密。

很多人认为麦当劳的主营业务是卖汉堡。其实他们错了！麦当劳的汉堡用好的牛肉和好的面包，而面包里的气泡要在4毫米时口感最佳，这么高的成本，再加上房租、人员费用、推广费用，卖汉堡其实利润非常少，甚至不赚钱。那麦当劳靠什么盈利呢？实际上，麦当劳只是靠汉堡来吸引客户，它最大的利润来源是房地产。

麦当劳有一套系统可以识别在哪个地方开一家分店更赚钱，然后它会以低价购得这处地产，在这里开一家麦当劳，然后把整间店铺打包卖给加盟商，同时，收取加盟费。

之后，麦当劳再拿这笔钱继续扩张自己的店面，同时构建自己的物流网络。当麦当劳把全球几万家门店所用的牛肉、面粉、土豆进行集中采购时，新的利润就出来了。通过地产以及商业网络创造超额利润，这才是麦当劳的盈利模式。

管理学大师彼得·德鲁克曾说过，当今企业之间的竞争，是商业模式之间的竞争。好的商业模式具有杠杆效应。找到好的商业模式之前，你只能获得小范围的成功，而拥有了好的商业模式，就好比你找到了撬起地球的支点。

商业模式如同一艘舰艇的装备，在激烈的战争中，只有拥有了好的装备，才能步步为营，找到独特的商业模式，就能出奇制胜、利润倍增。

商界很多赚了大钱的企业有一个共同的特征：企业呈超高速发展，在短短一两年间，企业收入急剧攀升，企业的市场规模迅速扩大。就像小米的创始人雷军所说的那样，站在台风口，猪都能飞起来，很多企业之所以发展迅速，根本原因就在于它们找到了好的商业模式。

商业模式（一）：免费模式

《庄子》中记载了这样一个故事：宋国一个世代以漂丝为业的家庭作坊有一种"秘制冻疮膏"，这款冻疮膏能让在冬天工作的人免于手裂之苦。这个工坊的人很努力，但生活仍旧贫困。一位鲁国的客商了解到这款冻疮膏以后，以100两黄金的价格买下了它的配方，并将它献给了吴王。

吴国将士在寒冬腊月打仗，再也不用为手生冻疮而犯难了，这让吴国军队的战斗力大为提高。在一次冬日对战中，吴国大胜，吴王赏赐了这位鲁国商人土地和黄金万两。

先免费，然后赚大钱，这种营销策略至今仍旧有着强大的生命力。

2007年年底，周鸿祎做出了一个决定：360要推出免费杀毒服务。当时，大家的第一反应是周鸿祎傻了吗。因为此时业界的共识是，就应该向使用个人杀毒软件的用户收费。杀毒软件免费了，靠什么来盈利呢？

对此，周鸿祎的回答是："如果你按照巨头的游戏规则玩，你就永无出头之日。商业的规则都是用来被打破的，想要赚大钱就要颠覆已有规则。"果然，周鸿祎凭借免费策略成功将竞争对手挤出了市场，同一时间，360的浏览器也做到了行业第一。

免费，堪称商业世界中最恐怖的"神兵利器"，因为客户最大的痛点就是产品最大的卖点，没有人不喜欢免费的产品。

早期共享单车 ofo 等进入市场时，就派发了大量优惠券和一元免费骑行月卡来吸引客流，腾讯、优酷等视频网站先免费后提供会员服务等操作都是为了抓住客户的痛点，他们用免费的东西获得用户，然后在其他地方赚回来。如今，这样"先免费后收费"的商业模式已经被应用在多个领域。

免费策略还有另一种形式：以免费促进间接消费。现在很多餐饮、娱乐场所会采取这样一种免费策略：如果是一对情侣光顾，那么情侣中的女性顾客可以免门票或相关费用，而女性顾客一般都会带来消费能力强的男性顾客。这种策略先是提供免费带动人气，然后以此为突破口，吸引到更多的顾客进行消费。

需要强调的是，免费策略并非骗子策略。免费策略起效，有个前提是它迎合了用户的需求，且本身很有价值。

商业模式（二）：共享模式

"共享经济"是近几年来非常火的一个词语。所谓共享，从字面上来理解，就是和他人分享，而共享经济则是拥有闲置资源的机构或个人，将资源使用权有偿让渡给他人，让渡者获取回报，分享者通过分享他人的闲置资源创造价值的经济模式。其中，共享单车最具代表性。

2004年，胡玮炜从浙江大学城市学院新闻系毕业后进入《每日经济新闻》经济部成为一名汽车频道的记者，后来她又先后供职于《新京报》《商业价值》和《极客公园》做科技报道。10年媒体人生涯，为胡玮炜积攒了丰富的人脉。

2014年ofo小黄车出现后，胡玮炜敏锐地察觉到了共享经济的光明未来，创办北京摩拜科技有限公司。当时小黄车主攻大学校园，胡玮炜则看好大城市的市民消费市场，主张将她的摩拜单车在大城市进行投放。凭借好理念和好口才，以及做商业记者积累的人脉，胡玮炜多次成功融资，其中投资人李斌帮了她很大的忙，随后摩拜还获得了腾讯的投资。

在技术实现上，汽车设计师王超帮胡玮炜解决了难题。胡玮炜曾做过行业沙龙，王超是沙龙的常客。王超设计的免充气轮胎，让摩拜受益匪浅。由此，还成功吸引了摩托罗拉的前工程师杨众杰。

在管理上，胡玮炜则请来了王晓峰。在加入摩拜前，王晓峰有近20年的高级管理经验，他曾在宝洁、谷歌、腾讯等大公司任职，2014—2015年，他担任Uber上海的总经理。加入摩拜后，摩拜在他的带领下，执行力和发展速度大幅度上涨。

在多方资源的共同作用下，摩拜单车发展迅速，而胡玮炜本人的财富也在短短的2年时间里突破了100亿元大关。

当国内市场获得成功之后，胡玮炜将视线转向了国外，她请富士康为其加紧生产了500多万辆摩拜单车，并争取到了英国政府的奖励，摩拜单车开始逐步在欧洲市场上投放。

在胡玮炜创造的"摩拜奇迹"中，我们可以看到共享经济的最大特色：通过资源整合来提供共享服务。

虽然共享单车正在遭遇危机，但不可否认的是，它开启了一个共享时代。共享经济已经从一种小众、尝鲜、针对年轻人的服务，变成大众服务，从共享单车行业蔓延到了各行各业。

共享经济之所以能够流行，是因为它迎合了时代发展的趋势。普拉哈拉德在《消费者王朝：与顾客共创价值》一书中指出，"公司中心"型创新方式已经消亡。相反，消费者正凭借独一无二的个人经历在创造价值的过程中发挥着越来越大的作用。物资匮乏的时期，用户的购买行为主要是为了满足功能的需要，随着物质条件的改善，只有带给用户最佳的体验才能真正地打动用户。在"用户中心"时代，共享模式所提供的前所未有的体验感，很符合当下的需求。所以，共享模式不会消亡，只是进入了更加理性的下半场而已。

商业模式（三）：客客模式

很多人只知道李嘉诚是卖塑胶花发家的，其实在此之前，李嘉诚还为人卖过五金。当时他的主要任务是推销白铁桶，他仔细研究了香港的散户市场，发现高级住宅区的家庭大多不用白铁桶，而使用铝桶。于是，他就转移阵地，把推销的目标瞄准中低档居民区的居民。

但这样做也有一个问题，那就是一户家庭通常只使用一两个铁桶，销售量根本就比不上旅店、酒楼。当然，家庭散户也有一个后者无法比拟的优势，那就是消息的传播速度很快，只要建立良好的口碑，就不怕打不开市场。

但是，该从哪里入手，占领这一分散而又庞大的市场呢？一天，李嘉诚在居民区看到几位老太太围坐在椅子上择菜、聊天，突然有种茅塞顿开的感觉，于是，他决定将推销的目标锁定在老太太身上。他这样盘算：老太太都没有工作，闲在家里就喜欢相互串门，唠叨些家长里短的事，如果专找老太太卖桶，只要卖了一个，后续就可能卖掉一批；只要他推销得法，赢得不错的口碑，就能在无形中增加大量的"义务推销员"，这样积少成多，数量也会相当可观。果然，这一招大获成功。很快，年轻的李嘉诚业绩遥遥领先，成为五金厂的销售冠军。

当初，李嘉诚运用的是"古老"版的客客模式。如今，随着移动互联的发展，进化版的客客模式——通过利用线上和线下"朋友圈"的裂变式分享实现产品或服务的快速销售，再度成为备受企业欢迎的一种商业模式。在这种模式下，商品能够更好地被推广，商家也能够节约成本，获得更大的利润。

客客模式遵循的原理是"乔·吉拉德250法则"：每一个顾客的背后都有250个潜在顾客。客户都有自己的人际关系，你与客户的关系很好，客户自然会将你推荐给其他的朋友，这样你就可以通过认识一棵树而结交一片森林。

乔·吉拉德本人对"250法则"身体力行，对此，乔·吉拉德的客户书纳先生感受颇深。韦纳先生自从在乔·吉拉德那里买了一辆日本汽车之后，就再也没有逃出他的"魔掌"。他几乎每周都能看到乔·吉拉德的身影，一会儿接到乔·吉拉德的电话，一会儿收到乔·吉拉德的信件，一会儿又看到乔·吉拉德上门了。

不仅韦纳先生如此，他的朋友马克也深有同感，他说，除非出国，才能摆脱乔·吉拉德的"纠缠"。他们的另外一个朋友丹尼尔则持反对意见，他提出，好几次他在西班牙，照样接到了乔·吉拉德的"夺命连环电话"。

不过，韦纳先生、马克、丹尼尔和他们的亲戚朋友们显然都习惯了乔·吉拉德的"骚扰"，因为他们中有20多人从乔·吉拉德那里买了汽车。

让客户转介绍销售，是一种非常有效的销售手段，这是为什么呢？

心理学有个著名的第三者效应，就是在一般人的观念里，总认为"第三者"所说的话较具客观性，较为公正。就营销而言，如果销售员自己来说自己产品多么好，总有王婆卖瓜之嫌，但通过老客户的口碑相传，可信度就会大大提升。

为什么好的商业模式总让人捉摸不透

关于诸葛亮有这样一个传说：有一次，诸葛亮和老丈人谈时政，谈到曹操时，他面色沉重，谈到孙权时，他眉开眼笑；这一切被躲在屏风后的妻子看得一清二楚，于是，妻子送了一把鹅毛扇给诸葛亮，自此之后，这把扇子诸葛亮一年四季从不离手，让人摸不清他的真实想法。这个故事告诉我们，谋大事者，切忌喜怒形于色，要学会深藏不露，让人捉摸不透。

《孙子兵法》中说："兵者，诡道也。故能而示之不能，用而示之不用，近而示之远，远而示之近。"意思是说用兵打仗是一种千变万化、出其不意之术，需要运用种种方法欺骗敌人。所以，明明能征善战，却装作软弱无能；本来准备用兵，却伪装成不准备打仗；实际要攻打近处的目标，却给敌人造成攻击远处的假象；实际要攻打远处的目标，却又伪装出要在近处攻击的样子。竞争获胜的关键就是要打破常理，真真假假，虚虚实实，让人看不懂、学不到。

小米公司，2010年成立；2013年，它的出货量达到1870万台，销售额达到316亿元；2014年，出货量达到6112万台，销售额达到743亿元。短短4年时间，小米创造了一个发展奇迹，靠的是什么？

靠的是让人捉摸不透的商业模式。"互联网商业模式"是雷军首先提出的一个概念，什么是互联网模式呢？虽然雷军及小米团队做了很多种解释，可外人听了，还是不明白。这为小米赢得了宝贵的4年高速发展期。

创立之初，雷军就说过，小米不以手机盈利为目的，而以互联网的商业模式，先积累口碑、建立品牌，继而把手机变成渠道，通过服务和软件实现盈利。到底盈利点在哪儿？很多人一下子琢磨不过来。

后来，很多手机制造商都回过味来了，这个时候雷军才坦陈，小米成功靠的是认真琢磨怎么通过产品和服务打动消费者。

一旦商业机密被别人知道了，你就很容易被别人模仿，在市场竞争中，企业要做到的是让别人摸不清真假、看不透你的模式，凭借一个独一无二的、好的商业模式，你能快速胜出。

很多老板看到别人表层的商业模式后，就去盲目复制，殊不知，那背后还有很多不为人知的底层的东西，盲目地模仿，结果很可能画虎不成反类犬，损失的还是自己。好的商业模式不可能被轻易模仿，成熟的企业是不会把自己的核心代码泄露出去的。

总之，在商场，你不要轻易觉得自己破译了别人的盈利模式；另外，如果你想好了一种赚钱的商业模式，你要做的是想办法制造迷惑人的假象，以防被人学走。

商 业 真 经

06

智慧篇：
思维模式，决定企业家走多远

  赚钱靠的是智慧，而非知识本身。在能力和学历之外，赚钱还需要修行。

  一位企业家不能只知道研究赚钱的技法，而不去看看自己的内心。

  不断地进行自我修炼，塑造正面的企业家思维，才会越来越具有影响力。

他们长久以来遭到歧视和排挤，险被灭族，他们颠沛流离，居无定所，四海为家，却一直掌握着世界上绝大部分的资产。

他们就是世界上极富经商智慧的犹太人。他们说："智慧比金钱重要，智慧是看不到也摸不着的财富，能够伴你一生。"

智慧是什么？

古希腊人这样解释：智慧就是说出真实。智慧是一种思想，它指向了真实，道出了本真，它让得到它的人充满了绚烂而神奇的力量。

智慧让我们不再感觉迷茫和纠结，它能让我们在磨难中看到机会，在平凡中看到惊喜，在平淡中看到感动，在万物中汲取力量。

每日求知为"智",内心丰盛为"慧"

为什么有的人学历很高,也很精明,但投资做生意却总是失败?为什么有的企业家文化程度并不高,却能白手起家创造出优秀的企业?

原因很简单,赚钱靠的是智慧,而非知识本身。在能力和学历之外,赚钱还需要修行。

现代人做事普遍追求"对等",做多少就想相应地得多少,得多少也就相应地做多少,更有甚者还会想要多得少做或不劳而获,这样的人从来不去想长期亏欠会导致福报减少。

我们中国人常常说福报,什么是福报呢?你帮助了一个人,当你需要得到帮助并且对方也有能力帮助你的时候,他就会给予你想要的帮助,这就是福报,多做一些就会多得到一些。

李嘉诚一直被看作企业家的典范。关于赚钱的秘诀,他曾在多次演讲中说过:我的成功,靠的不只是投资眼光,还有一套衡量和检讨自我意识、态度和行为的心法。

李嘉诚的心法,我们可以通过他对两个儿子的教育看出。李泽钜、李泽楷从小就被李嘉诚当作财富继承人来培养。为了让儿子早早融入企业环境,李嘉诚为年幼的他们在董事会设了专席。

每次召开董事会,两兄弟都要坐在他们的小椅子上旁听。长大后,李泽钜、李泽楷先后被送去美国斯坦福读书。为了防止他们死读书，李嘉诚还逼着他们去打工，去积攒社会经验。大学毕业后，教育还未结束，两人都要到基层接受历练。

除了培养他们的经商能力，李嘉诚更注重培养他们如何做人。李泽钜、李泽楷两兄弟小时候就读的香港圣保罗小学，是香港鼎鼎有名的贵族学校，在这里就读的孩子出入有车，全身名牌，但李氏兄弟只能自己坐电车、巴士去上学。

长大后，李嘉诚很少给兄弟俩零花钱，而是鼓励他们勤工俭学，自己挣零花钱，以至于兄弟两人常常怀疑自己的父亲并不真的富有。李嘉诚还经常培养儿子的助人意识，不仅不要贪占小便宜，还要舍得花钱帮助人。看到他们主动帮助菲佣，他比谁都开心。

后来兄弟俩说："父亲对我们的培养和教育是我们最值得感谢的，我们从父亲那里学到的不仅仅是怎样成为一个出色的商人、一个赚钱的商人，更为重要的是我们学会了怎样做一个正直的商人。"

赚钱和成功，靠的不是小聪明，而是大智慧，这要求大家日日精进，多学习，多提高自身的"智"力，同时注重个人的内在修养。正如李嘉诚所言："内心的富贵，才是真富贵。"

道德是人生的第一智慧

明白了智慧是什么，我们再来研究一下智慧来自哪里。智慧的第一个源泉是道德。

"大学之道，在明明德，在亲民，在止于至善。知止而后有定，定而后能静，静而后能安，安而后能虑，虑而后能得。物有本末，事有终始，知所先后，则近道矣。"国学经典《大学》指出，道德是一个人获得"定力"的基石。

"有两种东西，我对它们的思考越是深沉和持久，它们在我心中唤起的惊奇和敬畏就越加增长，那就是我头上的星空和心中的道德定律。"康德的这句气势磅礴的名言，影响了无数的人。

我的恩师李燕杰说过："道德才是人生的第一智慧。无论是苏格拉底、柏拉图、亚里士多德、释迦牟尼，还是老子、孔子、庄子、孟子，古今中外的文化精英，哪个不讲做人，哪个不讲道德？"

恩师的父亲和母亲在他小时候就教导他："走正路，不走斜路；走活路，不走死路。"所以，他这一生都坚持两条原则：不偷不抢、不办坏事。恩师一生演讲无数，其中"德才学识与真善美"，是其最受欢迎的课程。

常言道：位高得人尊敬，是一时的；德高得人尊敬，是长久的。一时之名易得，千载之誉难求。因此，古代能人皆追求"立德、立功、立言"三不朽。

古人云，德不配位，必有灾殃。孔子把"德不配位，必有灾殃"的情况分为三种类型：

第一种类型是德薄而位尊。一个人的道德水平不高，而其所处的领导位置却很高，灾殃迟早会来。

第二种类型是智小而谋大。一个人智慧很小但野心太大，灾殃也迟早会来。

第三种类型是力小而任重。一个人的力量很小，可是却要承受很大的重量，这种情况轻者伤身，重者丧命。

千虚不能敌一实，千邪不能敌一正。中国自古以来特别强调商人的道德修为，古代大商人都追求"儒商""仁商"境界，坚决不取不义之财。

在当下的中国，商界已然达成共识：一个不会赚钱的企业家不是合格的企业家，一个只会赚钱、罔顾公众利益的企业家绝不是真正的企业家，最终会被消费者所抛弃。

经济和道德，看似矛盾，实则统一，前者依附于后者。作为企业家，守不住道德这条底线，就谈不上利润，谈不上企业的发展。

温家宝总理曾在与企业家座谈时说："企业要认真贯彻国家政策，关心社会，承担必要的社会责任。企业家不仅要懂经营、会管理，企业家的身上还应该流着道德的血液。"

企业在注重经济利益的同时，要更加重视内部的道德建设。2008年，方太集团率商界之先，开设了中国第一家企业孔子堂。方太孔子堂主要用于儒学的相关教育，包括内部的儒学宣讲与学习交流，外聘国学导师现场授课等。从2008年推行儒学管理至今，创始人茅忠群已经亲自为员工专场讲述儒学理论不下10次。方太集团一直注重将儒家文化引入企业文化，将"仁、义、礼、智、信"融入企业文化，并将公司的核心价值观确定为"三品合一"，即人品、企品、产品合一。

如今，尊道贵德、坐而论道、起而践行，已经成为现代企业家的"标配"。但凡爱惜羽毛的企业家都很注重德行修养。那些百年老店，无不将道德和社会责任放在首位；而烜赫一时的企业，则往往重视利润，忽视社会责任。

立大志者成大事

智慧的第二个源泉是"志"。

古人云：取法乎上，仅得其中；取法乎中，仅得其下。意思是一个人定下了高目标，最后可能只能获得中等水平的结果，而如果定下了一个中等的目标，最后可能只能获得低等水平的结果。这句话告诉人们，无论是治学还是立业，一定要志存高远。

1976年的中国，改革开放的春风还没有吹进大地，年仅24岁的高德康租用了江苏常熟白茆镇山泾村闲置的瓦房，拉着同村的11个人一起建起了缝纫组，开始创业。那个时候，8台缝纫机和1辆永久牌的"二八"自行车是他们的全部资产，波司登的光辉历程从此开启。

在那个物资匮乏的年代，创业异常艰苦，为了承接上海的订单，高德康每周至少3次往返于上海与常熟，送加工品、取布料。为此，仅4年时间就报废了6辆摩托车。就这样骑了5年，高德康才拥有了人生第一辆法国标致牌小货车。

吃苦，高德康不怕，最让他难受的是，有一次坐车的时候，有人因为嫌弃他身上的汗臭味，竟然将他从车上赶了下去。自尊心受到伤害的高德康暗暗下定决心：一定要让城里人改变对乡下人的看法。

1992年，高德康正式注册了"波司登"品牌。1995年冬天，波司登羽绒服卖出了68万件，自此坐上了国内防寒服的头把交椅。然而，高德康并不满足于做国内第一，他要的是"世界名牌"！

1995年，波司登获得俄罗斯圣彼得堡博览会金奖；1999年，波司登进军以高品位消费著称的瑞士；同年，以中国羽绒服第一品牌的身份，亮相"1999巴黎中国文化周"；2002年，波司登在莫斯科设立特色专卖店；2003年年初，波司登在纽约曼哈顿第七大道成立美国分公司。

2006年10月10日，高德康终于登上领奖台，接受"2006中国十大世界影响力品牌"奖牌。从此，波司登加快进军海外。2008年，波司登专卖店在英国开业；2012年，波司登欧洲总部登陆牛津街商圈，仅在意大利，就进驻了350多家买手店。波司登"世界名牌"的名号一步步坐实。

从江苏到上海，到全国，再到世界舞台，从贴牌到中国名牌，再到世界名牌，农民企业家高德康用亲身经历验证了"立大志者成大事"。

毛主席说："自信人生二百年，会当水击三千里。"成功的人常常都有超人的志向、远大的抱负、崇高的目标、顽强的意志和坚定的信心。

为什么拥有远大的志向能让人充满智慧呢？因为你要实现最终的"大志"，势必得精进你的能力和修养。企业家实现大志的过程，就像高德康那样，可以用脱胎换骨来形容。

心是人生戏的导演

智慧的第三个源泉是"心"。

科学家发现,当你想象的时候,整个大脑会跟着你的想象发出指令。一个人成功与否,"心之所向"起决定性的作用。给大脑正面的刺激——良性的自我暗示,大脑就会活络起来,产生意想不到的能量。

"有志者,事竟成,破釜沉舟,百二秦关终属楚;苦心人,天不负,卧薪尝胆,三千越甲可吞吴",这副脍炙人口的对联讲述的是项羽与勾践的故事。项羽与秦军对战时,"悉引兵渡河,皆沉船,破釜甑,烧庐舍,持三日粮,以示士卒必死,无一还心"。他这种不留退路,非打胜仗不可,下决心不顾一切地干到底的做法使得全军上下爆发出强大的战斗力,巨鹿一战,项兵大破秦军,威震诸侯。而勾践在卧房里挂了一只苦胆,每日晨起时,就先尝一尝那苦胆的苦味,提醒自己不忘丧国的耻辱。

经过多年的艰苦奋斗,吴国终于兵精粮足,转弱为强,一雪前耻。项羽和勾践都创造了以弱胜强的奇迹,其根本原因就在于他们的决心,这种不到死不回头的决心让他们成为胜利者。

很多人可能想不到,一度成为中国首富的王健林,也曾吃过闭门羹。在创业早期,王健林接下了一个项目,刚签完合同就突然遭遇时局变化,导致贷款异常困难。为了启动这个项目,王健林需要一笔2000万元的贷款,他用土地做抵押，而且所有的手续都健全，但找了几十家银行，没有一家愿意贷给他。

这个项目原本有一家政府指定的银行同意贷款，但由于只是口头承诺，王健林前前后后找了这家银行的行长50多次，都没能落实贷款的事。为了拿到这笔贷款，有时候王健林在银行走廊一站就是一整天，但他都坚持自己去，不让下属去跑腿。

除了政府指定的这家银行，王健林还去找了另外一家银行，这家银行的行长态度很不错，不过也不同意贷款。王健林为了堵到他，和朋友在他家楼下24小时蹲守。晚上冻得受不了的时候，就躲在车里开动发动机暖和会儿，为了省油，稍暖和点的时候就把发动机关掉。后来朋友不愿意去了，王健林依然坚持。

在跑了许多趟都没能成功的时候，有人给王健林出了一个主意说"干脆你就发一个债券，承诺每年20%的回报率"，王健林听取了这个建议，没想到，这个债券一经推出就被一抢而光。这个方法把王健林从破产的边缘拉了回来。

"事必成"的决心决定着我们能否成功。它能引领我们克服各种看似不能解决的困难，直至最终成功。心是人生戏的导演。心里觉得值得做，你才能做好，如果你心里认定某件事是不值得做的，那么在做这件事的时候，你就不会全力以赴地去把它做好，即便做好了，也不会觉得有成就感。

当企业遇到危机时，很多老板会选择祈求贵人或其他外力相助。殊不知，命运并不由外力左右，而是掌握在我们自己手中。当企业出现问题时，老板首先要做到的是，"心"不动摇。

比获得财富更重要的，是拥有善念

智慧的第四个源泉是"善"。

《周易》有云，积善之家必有余庆，积不善之家必有余殃。中国玻璃大王曹德旺，从1983年第一次捐款，累计至今，个人捐款已经超过110亿元。据说曹德旺的祖母在佛像前许过愿："一许子孙逢赌必输，二许子孙有钱被别人借，被别人骗。"曹德旺一生秉承行善积德的原则。在他看来，善良是事业成功的基石。企业家如果初期用了坏的"桩"，最后这项事业是做了也白做。

早在1987年曹德旺就为福清市修大会堂捐了7万多元。2008年汶川地震后，曹德旺亲赴灾区先后捐赠2000万元。2010年，曹氏父子捐款10亿元：玉树1亿元，西南五省区2亿元，福州市图书馆4亿元，福清市公益事业3亿元。2010年，曹德旺在南京大学捐赠2000万元，与南京大学共建"南京大学河仁社会慈善学院"。

2011年，曹德旺捐赠厦门大学2亿元，建立"厦门大学德旺商学院"。2009年，曹德旺宣布将曹氏家族持有股份的70%用来成立慈善基金。2011年，因捐赠价值35.49亿元等值股票，曹德旺荣获"中国首善"称号。

金钱是看得见的财富，善良是无形的财富。聪明是一种天赋，善良是一种选择。千帆过尽仍选择相信善良，是暗透了才有的光亮。

哈佛大学一项研究表明：一个人的精神层次越高，心理越健康，内心越善良，他不会因为别人的看法而轻易改变自己的本性，在与人交往时他们微笑、喜悦的表情很多，他们的人生也更快乐。当一个人能专注于自身的责任而不是利益时，那么他就站在了精神的最高处，是最善良的人。

行动出真知，实践得真理

智慧的第五个源泉是"行"。行动出真知，实践得真理。

据说，在西点军校的游泳救生训练中，有一个项目是学生最害怕的：学员穿着军服，背着背包和步枪，从近10米的高塔上跳进游泳池，然后在水中解开背包，脱掉皮鞋和上衣，把这些东西绑在临时的浮板上。

尽管学员们对这个项目要求的每一个动作，都反复演练过，但是真到了要往下跳的那一刻，大部分学员还是会迟疑，他们走到跳板尽头之后会停下来。当然，退缩是绝不允许的，否则将被勒令退学。所以，尽管犹豫，学员们最终还是会纵身一跃。

很多学员反映：成功跳出那一步的兴奋，是不可言喻的。在立即行动中，他们学会了抛开自以为通过思想能够控制一切的假象，体验到行动产生的成就感和信心。

萧伯纳说："人生有两出悲剧，一出是万念俱灰，另一出是踌躇满志。"没有想法和想法太多，都抵不上行动。一个人"知道"什么并不代表他能"做到"什么，"懂得一些道理"与"按照这个规律去做"是两码事。一个人讲自己在"修行"，就要有"真行"，绝不能光"修"不"炼"。通过行动，转识成智，才能够将这些人生智慧留存并灵活应用。

在1920年之前，国际地质和地理学界长期流行一种观点，认为中国没有第四纪冰川。我国的地质学家李四光对此并不认同，他说：外国地质学家并没有做过认真调查，凭什么说中国没有第四纪冰川？

1921年，李四光亲自到河北太行山东麓进行地质考察，1933—1934年又到长江中下游的庐山、九华山、天目山、黄山进行考察，然后写出论文，论证华北和长江流域普遍存在第四纪冰川。

1939年，李四光又在世界地质学会发表《中国震旦纪冰川》一文，用大量实证肯定了中国冰川遗迹的存在，这对地质学、地理学和人类学都是一大贡献。

曾经，世界上还流行有一种说法：中国是一个"贫油的国家"。美国美孚石油公司早期曾在我国西部打井找油，结果一无所获，于是就断言中国地下无油。李四光对此也不认同：美孚失败了就能断定中国地下无油？难道石油只生在西方的地下？

经过30年的找油工作，李四光运用地质沉降理论，相继发现了大庆油田、大港油田、胜利油田、华北油田、江汉油田。他当时还预言我国西北也有石油，后来开发出来的新疆大油田，证实了他的预言。

纸上得来终觉浅，绝知此事要躬行。聪明的人愿意多行动，也不愿意与成功失之交臂。有一位知名作家谈到他的创作秘诀时说："我有许多东西必须按时交稿，无论如何不能等到有了灵感才去写，一定要想办法推动自己。具体的操作方法就是先定下心来坐好，然后拿一支铅笔，想到什么就写什么，尽量放轻松。我的手先开始活动，用不了多久，还没等我注意到时，便已经文思泉涌了。当然有时候没有乱画也会心血来潮。"

时时感恩：感恩是建立关系的核心

如何让自己拥有智慧呢？我总结了一些方法，这是我多年来通过读书和实践所领悟到的。

在此，我诚挚地将这些方法分享给各位读者。

2013 年，我在郑州讲完课，有朋友推荐我去少林寺后山拜访一位高人。巍峨的高山上，千年古刹里的世外高人，无尽的神秘感让我心生向往。

我们一行人从少林寺出发，先是开车 1 小时，之后爬山两个多小时，路途颇多曲折。眼看着天就要黑了，隐约间一座禅院就在前方，却关着门。这时我们看到一个人，披着衣服，蹲在地上种蒲公英，我们就问他："师父，您知道怎么进这个禅院吗？"那人头也不抬："你过去就有人给你开门。"

进去之后，一位小师父接待了我们，我们坐下喝茶，半小时后，师父进来了。"刚才我们问路的那个人好像就是你呀？"同行的人发出疑问。"似我非我。"师父笑笑回答。坐定后，我和师父开始聊天。

"您这禅院的门为什么总关着？"我问。

"大道无门。"

"为什么大道无门呢？"

"大道无门，便处处是门，一个人入道之后，他还需要门吗？道就是最重要的门，道就是所有的门。"

我一听，明白此行真的遇到了高人，一定要抓紧机会学习，于是追问："师父，您在这边待了差不多30年了，修禅也修了19年，在这30年间，您最大的感悟是什么？"

只见师父略一沉吟，缓缓道出两个字"感恩"，然后便跟我讲起感恩的种种。之后的四五十分钟里，我被深深震撼了，人生脉络前所未有地清晰起来。

仔细想想，生命中拥有的一切，都是感恩的结果。

人生在世，需要处理好各种各样的关系——与外物的关系、与他人的关系、与自己的关系。在所有关系的背后起支撑作用的是情感，而这情感的核心，是感恩。

《积极心理学》杂志主编罗伯特·埃蒙斯认为："感恩是内心对当下生活的惊喜、知足和欣赏。"感恩是人类情感中重要的组成部分之一。

当你真正懂得感恩的时候，你对关系的处理会越来越好。在一个家庭、一个家族里，当大家都懂得感恩的时候，关系会更融洽；在一个团队、一个组织里，当大家都懂得感恩的时候，关系会更和谐。

当一个人感恩社会的时候，就会珍惜国家的富强，珍惜法制的健全，珍惜社会提供的机遇，然后抓住机遇、努力拼搏；当一个人感恩公司的时候，就会珍惜公司给予的平台和机会，珍惜领导的信任和器重，珍惜同事的关心和支持，然后竭尽全力回报公司；当一个人感恩家庭的时候，就会珍惜每天吃到嘴里的可口饭菜，珍惜干净整洁的家庭环境，珍惜幸福祥和的家庭氛围，然后尽可能地抽出时间来陪伴家人。

所有成功的人都应当懂得感恩。感恩像磁铁一般带有磁性，越感恩，越多的福报就会被吸引过来。我的老乡、新希望集团董事长刘永好说过："感恩之心离财富最近，学会感恩更容易成功。"按照刘永好自己的话说，他的成功一方面源于自己学习能力强，总是顺势而为，另一方面源于他始终抱着感恩之心做事业。

在1986年转做猪饲料之前，刘氏兄弟在成都青石桥开了一个鹌鹑蛋批发门市部，平时刘永好的母亲坐镇店中，他们兄弟四人出去跑销售。到后来母亲去世的时候，刘永好才知道他们给母亲的钱，全被母亲捐给了青石桥的乡亲。这件事对刘永好震动很大。1989年，刘永好提出"养猪希望富，希望来帮助"，一开始这是个口号，后来就成了他的经营理念。刘永好说，把自己赚到钱建立在别人能赚钱的基础上，才是十分牢固、天长地久的基础。

1993年，刘永好坐火车从成都去昆明，在西昌站前面停了一会儿，他看到车窗外突然冒出很多长头发、一身黑的小男孩，他们赤脚，光着上身，背着篓子跑过来捡煤渣，那时火车还烧煤。他很痛心，就根据国家"八七扶贫攻坚计划"的要点，联合一些民营企业发起了"光彩事业"。

20多年来，新希望集团在"光彩事业"中的投资已经上百亿。新希望的"光彩事业"先后在14个省建了150家光彩工厂，吸纳了大量农民前去务工，同时，带动周边的农户建立了养殖基地，做规模化养殖。近年来，新希望集团在凉山、大别山、沂蒙山相继投建了上亿元的扶贫工厂。

靠农业起家发大财的人并不多见，刘永好凭借朴素的感恩之心，创业近40年而不倒。

感恩，看似是一种付出，实则是一种收获。一个人越懂得感恩，他内在的能量就越强。

焦点利众：你成就的人越多，你的事业就会越大

一个人选择了自私自利，就选择了渺小的自己；一个人选择了无私利他，就选择了伟大的自己。

2008年6月12日，汶川地震发生一个月后，我受邀参加"跨越天山的爱"大型慈善演讲，为汶川灾后重建捐建天山爱心学校募集善款。到了现场，我很惊喜地遇到了彭清一教授。

要知道，这场演讲没有演讲费，也没有前呼后拥的排场，甚至连来回的机票都要自己出，而一来一回需要占用3天的时间。会务组邀请了10多个演讲家，最后到场的只有我们2个，由此，我和彭老惺惺相惜，很快就相谈甚欢，成了忘年交。

演讲开始了，1280多个座位的会场黑压压地坐满了人，过道上还站了不少人，我和彭老一老一少开始了一整天的激情演讲，在整个演讲过程中，几乎无人离开。为了帮助灾区重建学校，充满爱心的听众纷纷上台捐钱捐物，很快就筹集到了近百万元的善款，场面十分感人。这让年近八旬的彭清一教授眼眶一次次地湿润了，他多次声泪俱下地感谢大家的支持。

看着台下热情的观众，看着旁边眼含热泪的彭老，我被深深地震撼了。

"人活着究竟是为了什么？""生命的意义是什么？"

是帮助别人！你能帮助到多少人，你的人生就有多大的价值！生命的意

义在于帮助！

对我来说，那次演讲意义重大，我认识了对我的演说生涯和整个人生产生了重要意义的老师，明白了好的演说是用生命去演说，是去利于众生——当我们帮助人、影响人、成就人，发自内心地爱别人的时候，我们的生命，也就有了价值。

我内心深处沉睡已久的大爱之心被激活了。我是穷人家的孩子，小时候，身边有许多因为没有钱而上不起学的同伴。那时我就有过这样的想法：等到我长大了，有钱了，一定要建一所希望小学，让那些没钱上学的孩子都能上得起学。

儿时的梦想一下子清晰了起来，是时候行动了。我定下了人生目标：用毕生的时间和精力捐赠101所希望小学，让上不起学的孩子有书读！内心深处一扇尘封已久的门，在那个爱心沸腾的下午，被打开了。如同古代习武者突然被高人打通任督二脉而功力大增一般，定下这个目标之后，我的整个人生格局被打开了，人生迈入一个全新的阶段。

2008年10月，我创建了上海巨海企业管理顾问有限公司。巨海公司从最初仅有5个人的小团队发展到今天拥有1000多人的大团队；从仅在上海的一家小公司发展成为遍布上海、杭州、温州、成都、绵阳、重庆、南京、南通、苏州、无锡、银川、乐山、眉山、洛阳、柳州等地的集团公司。随着公司的发展，我梦想中的希望小学也一个个建立起来。

利众让生命更有能量。水洗万物而自清，人利众生而自成。对于企业家来说，你发自内心地成就人，自然就会把事业做大，你能够成就多少人，你就能做成多大的事业。当你把生命的焦点放到利众上的时候，就会得到更多的人来支持你、成全你，这一点，我深有体会。

当我决心用毕生的时间和精力来捐建101所巨海希望小学时，不知不觉间我的身边出现了很多贵人，有亿万富翁，也有上市公司的老总，他们愿意跟我成为朋友。他们知道我的愿望之后，很受感动，主动打电话给我："我愿意力所能及地做出一点贡献支持您的梦想。"

日本经营之神稻盛和夫将经营的核心归结为4个字：敬天爱人。所谓"敬天"，就是按事物的本性做事，不违背客观规律，不与趋势为敌；所谓"爱人"，就是"利他"，"利他"是做人的基本出发点，利他者自利，要从"自我本位"转向"他人本位"，以"他人"为主体，自己是服务他人、辅助他人的。

对企业领导人来说，你成就的人越多，你的事业就会越大，你的成就也会越大。人与人在一起最佳的状态就是成就与被成就，彼此成就，成就彼此。

当听说我要建101所希望小学的时候，有一个企业家问我：你的目的是什么？我说：没有目的。他不相信，反复地问，我坚定地回答：我真的没有目的。他笑笑说：那你可真是功德无量啊。虽然他这么说，但我觉得他还是不相信我。事实上，我的目的是什么呢？非要说的话，那就是单纯地想要帮助别人。这与金钱、名誉没有任何关系。

我的老家在四川省大凉山的一个小山村里。村子里有一条大河，我每天都要蹚水过去上下学。下雨的时候，水流很急，每次过河后，我都有种劫后余生的感觉。

后来，因为父亲身体不好，每天都要吃药，如果我继续读书，家庭负担更重，于是我只得辍学。那种冒着生命危险去上学，因为家庭而无奈退学的情绪让我的心里积压着，我暗下决心一定要帮助别人解决无书读的困难，这就是我建希望小学的全部目的。

2010年7月，我与山西百圆裤业连锁经营股份有限公司一起捐赠了我人生中的第一所希望小学——四川省西昌市巨海百圆希望小学。在自己捐建的小学里，看到孩子们那纯真而渴望的眼睛，我的眼睛湿润了！

当看到孩子们在明亮的教室里安静地看书，在宽敞的操场上快乐地踢球时，我感觉这是世界上最美的画面。那一刻，我在想：到底是这些孩子需要我，还是我需要这些孩子呢？是我帮助了孩子们，还是孩子们成就了我、激励了我？

人生中的每次付出就像山谷当中的喊声，你没有必要期望谁听到，但那延绵悠远的回音，就是生活对你最好的回报。

一个人的成就，不以金钱来衡量，而是以这一生中，善待过多少人、被多少人牵挂来衡量。生意人的账簿，记录收入与支出，两数相减，便是盈利；人生的账簿，记录爱与被爱，两数相加，就是成就。

心中有梦：世界会为有梦想的人让路

在这个世界上，唯一可以不劳而获的就是贫穷；在这个世界上，唯一可以无中生有的就是梦想。

1978年，当李安准备报考美国伊利诺伊大学的戏剧电影系时，遭到了父亲的强烈反对。他给李安看了一份资料，资料里显示，在美国百老汇，每年只有200个角色，这少得可怜的角色却有5万人一起争夺。当时李安一意孤行，搭上了去美国的班机。

几年后，李安从电影学院毕业，这才明白父亲的苦心。在美国电影界，一个没有任何背景的华人要想混出点名堂来，谈何容易。从1983年起，李安开始了长达6年的、漫长而无望的等待，大多数时候他做的都是帮剧组看器材、做剪辑、做剧务之类的杂事。对他而言最痛苦的经历是，他曾经拿着一个剧本，两个星期跑了30多家公司，却一次次受到别人的白眼和拒绝。

古人说，三十而立。可这时的李安甚至无法做到经济独立，还得靠妻子微薄的收入来养活。为了减轻内心的愧疚，李安每天除了在家里读书、看电影、写剧本外，还包揽了所有家务，买菜、做饭、带孩子，将家里收拾得干干净净。

现实的残酷让李安有些失望，为了生存，他在社区大学报了一门计算机课。妻子发现后，一宿没和他说话。第二天，李安送妻子去上班，在上车之前,她突然转过身来,一字一句地对李安说:"安,要记得你心里的梦想!"

那一刻,李安心里像突然起了一阵风,他拿出包里的课程表,慢慢地撕成碎片,丢进了门口的垃圾桶。他一边忍耐着,一边更加专注于自己热爱的电影事业。后来的故事大家都知道了。

李安的经历告诉我们,梦想一定要有。美国有一句谚语说,当一个人知道自己想要什么时,整个世界将为之让路。心中有梦的人,脚底生风。有梦,可乘风破浪于人生,光彩璀璨于世间;梦给生命以方向、力量和希望,人生从此不再孤单。

当我走出校园,在家种地时,我并未屈服于命运,我渴望成功,渴望像雄鹰一般翱翔于天际。我要成为一个企业家,我要成为一个光耀家族、改变家族命运的人,我要成为一个影响世界的人。因此,我不断奋斗,我要为我所做的事都贴上卓越的标签。我开始"排满"自己的每一天,让自己有价值地忙起来。

心中有梦,人生有梦,生命便有意义。

不畏苦难：以坚忍的姿态面对一切困境

或许你看过西班牙斗牛，可是你知道什么样的牛才能被选为斗牛吗？要想入选，这头牛在很小的时候就要接受考验，如果它敢于向对它进攻的人进行反击，那么说明它具有不畏强暴的意志，是值得培养的对象；如果它对于进攻的态度是躲避，那么就只能成为肉牛。生命的强大在于历经考验。

古今成大事者，皆历经苦难，大苦难带来大成就。"盖文王拘而演《周易》；仲尼厄而作《春秋》；屈原放逐，乃赋《离骚》；左丘失明，厥有《国语》；孙子膑脚，《兵法》修列……"国，历经苦难，得民族强大；人，历经苦难，方可明心见性。

苦难是最好的学校。作家杨绛先生说过："一个人经过不同程度的锻炼，就获得不同程度的修养、不同程度的效益。好比香料，捣得愈碎，磨得愈细，香得愈浓烈。"

干大事的人身上所具备的强大理性的品质，无不是在痛苦中不断觉醒的结果。几乎所有优秀的人，都经历过人生的至暗时刻，而后凤凰涅槃。

1997年，由于资金链断裂，巨人大厦被迫停工。一夜之间，史玉柱从"富翁"变成背负2.5亿元债务的"负翁"。上天无路，入地无门，当时的史玉柱每天疲于应付各路要债的人，他对每一个来找他的人说："我所欠的每一分钱，我都会还，而且还有利息。"他说得斩钉截铁，可他们只当作笑话听。

10年之后,史玉柱凭借网游和保健品,东山再起。回忆起10年前那些漫漫长夜,史玉柱说自己看清了很多问题:"我人生中最宝贵的财富就是那次永远也无法忘记的、刻骨铭心的失败。"

大名鼎鼎的松下幸之助,前半生充满不幸。9岁时,因家庭陷入贫困而被迫辍学;13岁时,父亲患病因无钱医治而早逝;17岁时,他为生活劳碌而差一点被淹死;20岁时,母亲病故,而他本人因患肺病差点死去;34岁时,他唯一的儿子出生仅6个月就死去;他长期受病魔折磨,40岁前有一半时间因病卧床……

饱尝艰辛的松下幸之助如何看待这些苦难呢?他说,每当遭遇挫折和打击时,他就以乡下人洗甘薯的景象抚慰自己。日本的乡下人洗甘薯是这样的:在木制的大桶里装满水和甘薯,然后用一条木棍不停地搅动,随着搅动,这些大小不一的甘薯有的沉下去,有的浮起来,浮浮沉沉,互有轮替,就这样直到被洗净。

甘薯的浮浮沉沉,正是人生境遇的写照。人的一生,总是浮浮沉沉,不会永远春风得意,也不会永远穷困潦倒。这持续不停的一浮一沉,就是对每个人最好的磨炼。在第二次世界大战结束后,饱受苦难的松下幸之助迎来了人生的春天,靠卖电灯插座一步步走上世界电器大王的宝座。

莫泊桑说,生活不可能像你想象的那么好,但也不会像你想象的那么糟。人的脆弱和坚强都超乎自己的想象。马丁·路德·金则说过,在这个世界上,如果你自己的信念还站立着,那么没有人能够使你倒下。但凡不能杀死你的,最终都会使你更强大。那些掉进人生的大坑里,经过深刻反省以后,爬出来的人,终将成为笑到最后的人。

2004年1月3日,窗外阴雨绵绵,我当时没有工作,靠摆地摊谋生,一天能赚上三四十元钱,碰到下雨天就没法出摊了。正惆怅着,突然,手机铃声响起来了,是妈妈打过来的,她叫了一声我的名字,就泣不成声,足足1

分钟没有讲话。

听到妈妈哭泣的声音，我一下子紧张起来，忙问出了什么事。1分钟之后，她说，孩子，你赶快回来吧，你爸从墙上摔了下来。从2001年出来闯荡到2004年，3年多里，不管遇到多大的问题，吃多大的苦，我都没有掉过眼泪，而是一直咬着牙坚持，那一刻，我想象着父亲躺在床上的痛苦、母亲的无助，我的泪水不受控制地流了出来。

我立刻决定回家，可是搜遍全身也只有一两百元钱，付车费都几乎不够，我只能四处找朋友借，终于凑够了800元钱。我买了当时最便宜的火车票，花了96元，坐了14个小时的火车，然后倒汽车，再走1小时的路，回了家。

回到家，我才知道，父亲是在帮助别人修房子的时候摔下来的，摔断了3根肋骨，可他坚持不让对方赔偿，也不去医院治疗，硬撑着躺在家里的床上！

"爹，为什么不去医院？"我哽咽着问。"去医院干啥？多贵啊。一点小伤，吃点药，消消炎、消消肿，养几天就没事了！"父亲回答，我想劝劝他，可话到嘴边又咽了回去，我很清楚，就凭自己口袋里借来的那几百块钱，恐怕一天的住院费都交不起！

第二天一早，我上山放牛，遇到了当家的二伯，谈起父亲，他对我说："听你妈说，你家里还有三四千元钱，但他们舍不得花，就为了留着给你娶媳妇用！"听完这话，我一个人在山上傻呆呆地站了很久。

"你爹真是不容易啊！你姐出嫁了，你妈身体不好，他自己有哮喘，常年咳嗽，却连药都舍不得吃，你出去打工两三年了，也没什么起色，这个家，全靠他一个人撑着！他辛苦啊……"二伯絮叨着，见我没什么反应，走开了。

当时，我在心里暗暗发誓："我一定要成功，我一定要加倍努力！一定要比以前更努力一千倍、一万倍！我一定要在最短的时间内让我的父母亲过

245

上幸福富足的日子！一定要让他们不再受苦！"苦难让我开始对命运展开绝地反击。

苦难可以分为两种：一种是外在之苦，比如，没钱吃饭、交不起房租、身体受伤等；另一种是心灵之苦，比如，年少丧母、年老失子等。父亲受伤带给我的是深深的心灵磨难。两种苦难的磨炼让我变得坚强，让我的意志力得到培养。我以苦难为师，以苦难为友，以苦难为杖，以苦难为光，一路披荆斩棘走了过来。

乐于分享：越分享，越富有

有一个故事是这样的：一次，亲戚送来两筐桃子，一筐是刚刚成熟的，一筐是已经完全熟透马上就会腐烂的。父亲问："选择怎样的吃法，才能不浪费一个桃子？"

大儿子说："当然是先吃熟透了的，这些放不过3天。""可等你吃完这些后，另外的那一筐也要开始烂了。"父亲显然不大满意大儿子的建议。

二儿子想了想说："应该吃刚好熟了的那一筐，拣好的吃呗！""如果这样，熟透的那筐桃子不是白白浪费了吗？你不觉得可惜吗？"父亲把目光转向了小儿子，"你有什么好办法吗？"

小儿子微微思索了一下道："我们最好把这些桃子混在一起，然后分给邻居们一些，这样就不会浪费一个桃子了。"父亲听了，满意地笑了。"不错，这的确是个好办法，那就按你的想法去做吧。"

多年以后，这个选择把桃子分给邻居的孩子当选为联合国秘书长，他的名字叫潘基文，在就职演讲中，他说："我当选这个职务，不是为了个人名誉，也不是为了争夺个人利益，当选联合国秘书长就意味着责任和奉献。我希望在我的任期内，全世界的人民，不分种族、性别、国籍，都能过上幸福和平的生活。"

潘基文曾在不同场合说起分桃子的故事，只有那些被用于分享的桃子才会永久保鲜，分享滋润了别人，同时也充盈了他自己。他是要传达给世界一个理念：分享使生命伟大。

智慧需要分享，财富需要分享，快乐也需要分享；世间很多东西，越分享越富有，越分享越丰盛。钱越分越多，市场的蛋糕越分越大，智慧越分享越丰富，快乐越分享越多。懂得分享让我们拥有更多。

听过我的课的人都知道，每次讲课，有一句话我都会讲很多遍："我热爱演讲，我乐意分享，我就是超级演说家，分享让我的生命充满喜悦。"

2004年，我创立了属于自己的教育培训机构。起初我去大学做公益演讲，后来转战企业做免费培训，这样一做就是8个月，最高纪录是一天之中我在不同的企业讲了7场，最早的时候是早上7点就开始演讲，最晚的时候讲到深夜2点，很多时候我讲到嗓子沙哑，还是在持续不断地讲。是什么在支撑着我呢？

其实早在工厂做工人的时候，我就有一个习惯：把自己的学习心得与朋友分享，每次看完一本书，我甚至会专门花钱请朋友们吃夜宵，为的就是跟他们分享我的学习心得。我觉得演讲是一个与别人分享的过程，而培训是一项可以帮助别人的事业，而这个分享和帮助的过程让我发自内心地快乐，正因为如此，我把培训作为自己终生奋斗的事业。

我给我的公司取名为"巨海"，意思是巨龙腾飞、海纳百川，我的目标是把"巨海"打造成一个聚集天下英才的舞台，打造成一个成就同人、帮助客户的平台。

巨海创建前期，我每个月只拿3000元的工资，很多时候要贴钱过日子，但秉持着"分享"的理念，我从未亏待员工，我宁可自己受苦，不让员工受穷。巨海发展壮大之后，我开始分享股份，把忠诚的合作伙伴吸纳为股东，把优秀的员工变成股东，把优质的客户变成股东……

看到与自己一起打拼的合作伙伴赚到了钱，看到跟随自己的员工过上了好日子，我比自己赚到钱更快乐。因为懂得分享，巨海这个"蛋糕"越做越大，受益的人越来越多。

2011年，我提出创办"世界华人演说家俱乐部"的想法，立即得到了李燕杰、彭清一、刘吉三位演讲家的大力支持，彭清一教授还答应担任"世界华人演说家俱乐部"的总顾问，并为俱乐部赠送了书法作品。后来，很多同行大咖也自愿加入进来，在上海刮起一股"演说风"。是什么让演说界有了这样的盛举，是分享。分享产生活力，让一切成为可能。

分享让人生更喜悦，更有价值，更具影响力。分享是一种情怀的展现，乐于分享的人，思想达到了一定的境界；分享是一种格局的体现，懂得分享的人，心胸必然开阔。

内在丰盛：用心沉淀，厚积薄发

路灯正嘲笑萤火虫："小样儿，就你那点儿光，还好意思在我面前跳来跳去？"

突然停电了，萤火虫对路灯说："只有真正属于自己的东西，才不会轻易失去。"

生命的绽放在于内在丰盛。世上没有一样东西抵得过自主掌控人生，那是自由的味道，更是活着的味道。靠别人永远不如靠自己。人生是一趟不归的旅程，我们穷极一生所追求的不过是各个层面的富足和丰盛，从而去绽放我们精彩的人生。当我们的物质生活逐渐富足，我们更要追求的是内在的丰盛。

那么，内在的丰盛到底是什么呢？所谓内在的丰盛，是指一个人对自我的信任、接纳和尊重，对事业的热忱、执着和坚持，对大千世界的关爱、敬畏和感恩。

自然界有很多神奇的东西。仔细观察竹子，你会发现它在生命的头4年时间里，仅仅能长出3厘米，但从第5年开始，它将以每天30厘米的速度疯狂生长，仅用6周的时间就能长到15米。竹子是如何做到的？其实，在它生命的前4年里，在别人看不到的地下，它将根延伸了数百平方米。正是因为有了这4年的积淀，才有了第5年的生命腾飞。

内在丰盛的前提是厚重的沉淀。今天很多人为什么成功不了，因为他们急功近利，急于求成，缺乏长远的眼光，无视沉淀的意义。

我从2003年开始做培训，当时我的规划很简单，我要赚钱，我要买房买车，我要成功，我要出书，我要出名。可2004年，我没赚到钱，2005年，事业也没什么起色。很多人1年不怎么样，2年不怎么样，3年不怎么样，他就气馁了，放弃了，而我选择了坚持，到了2006年，我赚到的钱是前面3年的总和。

10年战略看人生。我们不能急功近利，只看眼前，而要看得更长远，唯有如此，我们才会选择坚持，只要有了坚持，曾经的积淀就能释放出超乎想象的能量。

用心经营：平衡自己的时间与精力

知乎曾流行过一个金句：未曾长夜痛哭者，不足以语人生。事实上，这句话不是知乎大V的原创，而是世界"文坛怪杰"托马斯·卡莱尔的名言。

托马斯·卡莱尔是19世纪苏格兰哲学家、评论家和讽刺作家，他写过《法国革命》《过去与现在》《普鲁士腓特烈大帝史》等作品。

据传，托马斯·卡莱尔还不出名的时候，被一位家境不错的姑娘简·威尔斯爱上。简为了他，放弃了很多待遇不错的工作，一心做他的秘书，日日夜夜陪在他身旁，全力辅助他成功。

为了让卡莱尔能专心写作，简包揽了所有的家务，身兼管家婆和私人秘书职务，可换来的却是卡莱尔不停地抱怨。后来简不幸染病，全身心投入写作的卡莱尔居然没有发现，等到简彻底病倒后，卡莱尔依旧以自己的写作为先，很少抽时间去陪伴病妻。

简去世后的某天，卡莱尔无意间在床头柜发现了简的一本日记，上面写道："昨天他陪了我一个小时，我感受到天堂般的幸福，我真喜欢他这样。""我一整天都在倾听，期望大厅里能传来他的脚步声，但是现在已经很晚了，我想今天他不会来了。"……

原来，简一直想要的不是卡莱尔的功成名就，而是他的陪伴。虽然知道了真相，但为时已晚。

大家都听过幸福"三有"——有时间给自己，有时间追求兴趣爱好，有时间陪伴家人。托马斯·卡莱尔缺乏最关键的"一有"。他犯了很多成功人士容易犯的错误，以为只要成功了，有钱了，幸福就自然而然地来了……幸福不是"自然而然"的结果，而是和事业一样，用心经营的结果。应有尽有的幸福并非真正的幸福，应无尽无的幸福才是真正的幸福。

金钱可以买到应有尽有的幸福，但买不到应无尽无的幸福。应无尽无的幸福更多是指心灵的安宁。应该没有疾病，应该没有争吵，应该没有遗憾……当这些应该没有的东西都没有的时候，我们就拥有了真正的幸福。

2013年清明节，我回了一趟家，到家的时候已经晚上8点多了，在农村，这个时间已经很晚了，我推开门进去的时候，妈妈正在客厅看电视。我回来了，她就跟我聊起天来。聊着聊着，我说："妈，我帮你按按背吧。"母亲说："不用了，你走了这么多路，辛苦了。"我仍旧坚持着把手放到母亲的背上。

我发现当我把手放在母亲背上的时候，她嘴里虽然一直说不需要，让我好好休息，但是她的身体在不断地向我倾斜。那个细微的动作，让我感受到，她的内心是非常需要我的这份爱的。那一刻，母亲很幸福，我也觉得我很幸福。

思想家蒙田说得好："我们最豪迈、光荣的事业乃是生活得写意，其余一切，包括从政、发财、经营产业，充其量只是这一事业的点缀和附庸罢了。"工作是为了更好地生活。不能因为忙，就牺牲掉与家人共处的美好时光。

人生一共有4道试题：学业、事业、婚姻和家庭。切莫花太多的时间和精力在某一个题目上。人生的幸福在于用心经营，要做到平衡自己的时间和精力，不能顾此失彼。用心经营，只要开始，就永远不晚。

日日精进：拥有终身成长的心态

　　心理学家荣格曾经说过这样一段话：一个人步入中年，就等于是走到了"人生的下午"，这是既可以回顾过去，又可以展望未来的阶段；在下午的时候，就应该回头检查早上出发所带的东西究竟还合不合用，看看有些东西是不是该丢弃了。

　　因为我们不能照着上午的计划来过下午的人生，早晨看起来美好的事物，到了傍晚可能就显得毫不起眼。人生路上，或许你已成功地走过早晨，但是，当你用同样的方式走到下午，却发现生命变得不堪重负，这就是该丢弃一些东西的时候。

　　就好像一个人开始一段旅行，因为带了太多的行李上路，在尚未到达目的地的时候，就已经把自己弄得筋疲力尽。这个时候，想要将旅行继续下去最好的方法，就是把那些多余的行李剔除。

　　对于企业家来说，在"人生的上午"取得了成功，不代表在"人生的下午"就可以无所作为。生命的成长在于日日精进。

　　作为娃哈哈集团的创始人，一直以来，宗庆后都是一位受人敬重的企业家。15岁初中毕业，为了帮家里减轻负担，宗庆后开始外出闯荡，先后做过卖红薯、种麦子、采茶、挖盐等尝试。37岁"高龄"才成婚，42岁才创建娃哈哈。他每天早上7点到公司，晚上11点才回家，一直坚持到现在。

在为娃哈哈操心之外，宗庆后还坚持读书精进自己。据说，他一年能读几千本书，坐一趟火车或者飞机的时间就能读完几本书，涉猎范围涵盖经济、管理和历史。主持人杨澜曾问他："您平时最大的消费支出是在什么方面？"他说是"香烟"，而他抽烟是为了提神，以便看书学习。

关于为什么这么拼？宗庆后说怕自己贪图安逸了，企业就搞垮了；而对于那些"太古怪的东西"，他也不敢去尝试。他说："更多的时候，只有付出感动上苍的努力，才能扭转你的命运。"

可以说，宗庆后一生都在精进自己。艰苦奋斗的日子大部分企业家都经历过，但很少有人像宗庆后这样坚持几十年，且甘之如饴。

不独宗庆后如此，企业家中的佼佼者都是这么拼命。当你还在赖床的时候，你可知道，他们已经开始了一天的工作。《基业长青》的作者之一詹姆斯·柯林斯指出："我还没有见过任何一个懒惰的富人，当然那些通过继承巨额财产的人除外。富人工作都很拼命，做着普通人做不到的事情。"

在国外的企业家里，苹果公司创始人乔布斯在世的时候坚持每天4点起床，苹果公司首席执行官库克每天早上4点30分时起床发邮件，"股神"巴菲特因为年纪大的关系6点45分"才起床"，脸书的创始人扎克伯格经常性地不睡觉。在国内的企业家里面，创立巨人集团的史玉柱一般夜里三四点钟睡觉，小米科技的创始人雷军坚持每天早上8点起床，腾讯总裁马化腾经常夜里12点还不下班。华为有大名鼎鼎的"床垫文化"就是任正非本人带起来的。

所有优秀的企业家都比我们想象的要更努力。所以，我时刻告诫自己和巨海同人："比你优秀人都在日日精进自己，你还有什么理由不去精进自己呢？"在我的学员中，有很多为了成长而日日精进的企业家，他们在管理企业之余，还跟随我到全国各地学习，将所学、所感、所悟分享给身边的每一个人。

爱自己最好的方式就是让自己成长。生命不止，精进不息。日日精进，贵在持之以恒，日进一步，久可至千里。

敢于决定：大胆决策，走出第一步

司马迁在《史记·李斯列传》中记载了这样一件事：有一次，李斯看到厕所里的老鼠，遇人纷纷逃走，而米仓里的老鼠，一只只吃得又大又肥，看到人来了，也依然优哉游哉地在米堆中嬉戏，毫不惊恐。一样是老鼠，命运天差地别。

于是，李斯发出这样的感慨："人之贤不肖譬如鼠矣，在所自处耳。"就如同老鼠一样，一个人有没有出息，是由自己所处的位置决定的。

我小的时候，因为家境贫寒，父亲又身患重病，被迫辍学。在当时，山里人只有两条出路，一条是考上大学走出大山，另一条是留在家中种地！那时我没有办法，只能接过老爸老妈的锄头，跟着他们挖地种田。

有一天早晨，我陪着父亲下地干活，我们一人扛着一把锄头下田。父亲提了一个水壶，还带了一包香烟。

我们埋头挖田，一干就是两个多小时，累得满头大汗。父亲说，我们休息一下。于是我们就坐下来休息。父亲拿出他的香烟和水壶，一边抽烟，一边喝着茶水。我坐在一旁的田埂上，拿着本诗歌在那里看。父亲看了我一眼，说："学都不上了，你还看什么书呢？"

我说："难道只有上学才可以看书吗？你看，当农民多么不容易，一年到头忙活下来，吃不饱，穿不暖，交学费都成问题。"

父亲抽着烟："这是命，有什么办法？"

"爸，我告诉你，我这辈子不会一直当农民，我这辈子也不会一直种田的。"我说得斩钉截铁，语气里是满满的坚定。

父亲非常诧异地看着我，大概是不明白我哪里来的自信吧，他足足看了我一分钟之久，然后说："难道你还能上天不成吗？"

我说："爸，不信咱们走着瞧。"

就在那一刻，我做出了人生中很重要的一个决定——我不要种田，我一定要走出这座大山！

2001年的2月26日，我带着560元钱走出了大凉山，从我家走到乡里花了70分钟，从乡里坐了一个半小时的中巴车，到了城里，又坐了30分钟的客车，到火车站，坐了12个小时的火车，到了成都。从此，我便走出了大山！彻底地走出了大山！

尽管磨难仍旧对我穷追不舍，但走出大山对我意义重大，它是一个拐点，改变了我整个人生的轨道。

人生所有的结果都来自你的行动，而所有的行动都取决于你的决定。一个真正想要改变的人，是任何困难、任何挫折都不能阻挡的。

2013年9月，我邀请到畅销书《心灵鸡汤》的作者、拥有过亿美元资产的马克·汉森来中国演讲。汉森先生在《亿万富翁制造机》研讨会中说：想要成为有钱人，你要做的第一件事，就是花一分钟下定决心成为有钱人！聪明的有钱人和穷人最大的不同是，穷人不愿意花 分钟下定决心让自己变有钱，反而浪费时间去抱怨或自怨自艾。

人生是一场负重的狂奔，需要在每一个路口做出决定，而每一个决定都将通向另一条截然不同的道路。你花过一分钟下定决心成为富有的人吗？生命的蜕变就起于这异常宝贵的一分钟。

诚挚推荐

我特别同意成杰说的"商业的本质是价值交换，商业的基础是价值对等，商业的方向是物超所值，商业的境界是超乎想象"。确实如此。

愿《商业真经》的每一位读者，都能真正理解这几句真经。

—— 刘润（润米咨询创始人、前微软战略合作总监）

东西方思想的碰撞，先哲智慧的交融，从西昌邛海到上海黄浦江的日日精进，汇成这一部《商业真经》。谈学习、谈能量、谈经营、谈演说、谈商业、谈智慧，言近旨远，娓娓道来。

一本佳作，推荐之。

——邓斌（原华为中国区规划咨询总监）

我希望你去阅读这本书。因为在这本书里你将了解到：如何提升自己、如何成就他人。

我确信这本书将会帮助到你，今天就去拥有这本书吧。

——约翰·麦克斯韦尔（世界领导力大师）

创业以来，我上过很多培训课程，最后有幸在巨海公司学习了成杰老师的"商业真经"课程。成杰老师从全新的视角诠释了当代企业家应该具备的商业智慧、胸怀和格局。

"从体验入，与当下合"、"从心而生，向善而行"、"日日精进，向上向善，超越梦想"是成杰老师商业理念的核心精髓，让你无论在经营企业还是日常的为人处事方面，都能找到清晰的战略目标和发展方向。

非常高兴地得知，成杰老师总结和提炼了自己的理论，创作了《商业真经》，这本书您值得拥有！

——黎辉（四川鑫鸿翔实业有限公司 董事长）

成杰老师思想活跃，擅长谋划和演讲，波司登集团100多位高管学习了成杰老师的"商业真经"课程，2000位高管聆听了成杰老师的"波司登企业文化大训"，他的演讲和培训让我们波司登团队前所未有地感受到了向上、向善的正能量。

成杰老师和他的巨海集团践行使命，将培训的力量真正转化为落地的价值，帮助员工成长、精进，大家的心门被打开，梦想的发动机开起来，为了我们的"百年品牌，千亿梦想"，波司登集团将继续和成杰老师及他的巨海集团，进行全方位的深入战略合作，共创美好、共赢的未来。

——梅冬（波司登国际控股集团 执行总裁）

作为企业家，我们要"坐而论道，起而践行"。从理论到实践，去践行我们所悟到的真理，永远做各自企业中的第一个践行者；再从实践到理论，总结和提炼出自己的经营理念，形成自己的企业文化和经营哲学！

从《商业真经》一书中，我领悟到了太多，也希望将这本书推荐给更多的读者。

——王哲（深圳市亿卓服饰有限公司 董事长）

人一生的走向往往是由为数不多的几次重要选择决定的。经营企业陷入迷茫的时候，可以学习成杰老师的商业理论，也可以看看这本《商业真经》。

行有不得，反求诸己。正确认识自己，是成为企业经营者的首要条件。《商业真经》从战略、经营、格局、境界等多个维度提升我们的思维、认知和行动力，是一堂中小微企业领导人的必修课。

——丁海燕（上海卡夫贸易有限公司 总经理）

商业世界瞬息万变，但又万变不离其宗。成杰老师结合自己多年的管理咨询经验、培训教育经验和实践心得，从人生哲学、自我提升、领导艺术、企业战略、市场营销、团队建设、创新思路等方面，提供了一系列行之有效的解决方案。当你经营企业或者从事商业活动时困惑迷茫，翻开《商业真经》这本书，将会豁然开朗。

——黄春凤（上海赋能创客集团发展有限公司 总裁）

在"商业真经"的课程中，感受到了成杰老师的超级能量，感受到了演说的巨大魅力，感受到成杰老师的无私大爱。成杰老师对商业的独到见解，对人生的智慧感悟，我有着强烈的共鸣！

这本与课程同名的著作《商业真经》也问世了，令我非常激动。通过《商业真经》的阅读和学习，让我对公司战略规划、经营管理、团队打造有了清晰思路与明确方向；让我自己进入了一条自动运转的学习轨道，让学习成为一种生理需求；让我们得以打造一支日日精进，自我超越的学习型团队，这将成为我们的核心竞争力之一，我们的企业通4年的学习从4000万做到了20亿！

在这风云变幻的大变局之商业时代，企业家应该来学习《商业真经》，以不变应万变，在此我强烈推荐！

——程科源（浙江盈和国际物流有限公司董事长）

彼得·德鲁克说："企业存在的唯一目的就是创造顾客。"如果一家企业能够持续创造顾客，那么实现赢利或者说"赚到钱"，是迟早的事。这是我从成杰老师那里学到的第一个知识点。

《商业真经》这本书通过六大章来解读和剖析商业，从理论与实践、宏观与微观等多个维度解读商业的底层逻辑，并为新时代背景下商业的改革和创新发声。

我相信这本书将会让无数企业家觉醒。

——艾丽（安徽聚亿美教育咨询有限公司 董事长）

成杰老师在《商业真经》一书中，分享了具有实战意义的经验。

通过阅读本书，我有三点大的收获：一是个人的境界、格局得到了提升；二是思维模式发生了改变，懂得了管理者做什么事情生产率最高；三是了解了如何经营好企业，管理者要与员工形成利益共同体，共创、共享；要与员工形成精神共同体，有默契、有共识；还要与合伙人形成命运共同体，我中有你，你中有我。于我而言，这是无比宝贵的知识。

我相信《商业真经》这本书将成为企业经营的说明书和企业发展的指南针。

——白梅（宁夏固原福苑实业有限公司 总经理）

有幸学习了成杰老师的"商业真经"课程，我感觉很有收获，在这里能够听到世界500强企业的创始人分享他们的管理经验，在这里能够找到梦想，找到前进的动力，找到人生的价值。

《商业真经》这本书，是广大企业家朋友们的"经商指南"，书中分享的观点，可以开拓我们的视野，让我们看到更广阔的世界，让我们的人生得到升华。

——王振兵（四川凯蓝渝豪品牌管理有限公司 董事长）

成杰老师分享的《商业真经》，是我学习过的最接地气的融合商业智慧和个人提升的书籍。

成杰老师的讲解深入浅出、通俗易懂，传递的知识古今结合、融通中西。通过学习，我和我的团队开拓了视野，提升了境界，迅速形成了共知、共识、共情、共行的喜人局面，困扰多年的团队建设问题豁然开朗。

——方志刚（浙江师大人家餐饮管理有限公司 董事长）